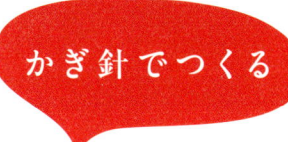
かぎ針でつくる

かわいい
裂き編み小物

Sakiami komono

成美堂出版

mokuji

sono-1
お気に入りの キッチン小物たち

- 01 ティーコゼー……5
- 02 ランチョンマット……5
- 03 ポットマット……6
- 04 ポットマット……6
- 05 ポットマット……7
- 06 ポットマット……7
- 07 鍋敷き……8
- 08 コースター……9
- 09 コースター……9
- 10 マルチカバー……10
- 11 ランチョンマット……11

sono-2
インテリア雑貨+ 毎日使うもの

- 12 ティッシュカバー……13
- 13 ルームシューズ……13
- 14 カゴ……14
- 15 フロアマット……16
- 16 フロアマット……17
- 17 小物入れ……18
- 18 小物入れ……19
- 19 スリッパ……20
- 20 椅子カバー……21

sono-3
バッグやポーチ、お出かけのおしゃれに

- 21 ポシェット……23
- 22 ぺたんこバッグ……24
- 23 バネ式ポーチ……25
- 24 コサージュ……26
- 25 巾着袋……27
- 26 バッグ……28
- 27 携帯電話ケース……29
- 28 カゴ……30
- 29 巾着ポーチ……32
- 30 通帳ケース……33

sono-4
作り方＋編み始める前に

- ○ 作り方……34〜71
- ○ 針の持ち方、糸のかけ方……72
- ○ 布の裂き方……72
- ○ 編み方レッスン ドイリー(往復編み)……74
- ○ 編み方レッスン ドイリー(輪編み)……76
- ○ 目のすくい方……78
- ○ 編み目記号と編み方……78

※作り方ページで表示した布量は実量です。
布の裂き方や、編むときの手加減で変わってくるので、
少し多めに布を用意しておくと安心です。

sono-1

Kitchen komono

お気に入りのキッチン小物たち

明るい色の布があるだけで、ご飯を作るときも食べるときも楽しい気分に。
「いただきます」の声がいつもより元気に響きそうです。

01

「ティーコゼー」

帽子みたいなかわいい形のコゼーは、
ティーポットなどの保温カバー。
楽しいおしゃべりのあいだも
お茶が冷めなくて嬉しいアイテム。

❋デザイン＝武下厘砂
❋作り方＝34page

02

「ランチョンマット」

真っ赤な布を長編みして、まわりには小花柄の白い布で縁取りを。
シンプルな色合わせで、簡単かわいいマットのでき上がり。

❋デザイン＝千森 泉
❋作り方＝35page

どちらを敷こう。迷っちゃう

03 04
left right 「ポットマット」

丸と四角、どちらも細編みの繰り返しで作ります。
同じ編み方でも、形や布で雰囲気がずいぶん変わるから面白い。

❉ デザイン =(左)百瀬柚子　(右)野間口由里子
❉ 作り方 =36.37page

05 06
left right

「ポットマット」

こちらのふたつのマットは長編みチーム。
モチーフつなぎや透かし模様でちょっと変化を付けました。
❋ デザイン＝（左）Sachiyo*Fukao　（右）千森 泉
❋ 作り方＝38.39page

07 「鍋敷き」

ブロックごとに色をかえて
パッチワーク風な仕上がりに。
熱いものをのせても平気なように、
きつめに編んで厚みを出しましょう。

❊ デザイン＝伴 綾花
❊ 作り方＝40page

08 09

○type □type

「コースター」

中心からぐるぐる細編みするだけ。
すぐに完成するから初心者さんにおすすめ。
丸いほうの縁編みには、裂き布ではなくて
コットンヤーンを使いました。

✿デザイン＝Sachiyo*Fukao
✿作り方＝41page

10 「マルチカバー」

薄くてふんわりしたオーガンジーなら、裂き編みをしても軽やかな仕上がり。
コットンヤーンと交互に編みながら、モチーフつなぎをしていきます。

❋デザイン＝Sachiyo*Fukao
❋作り方＝42page

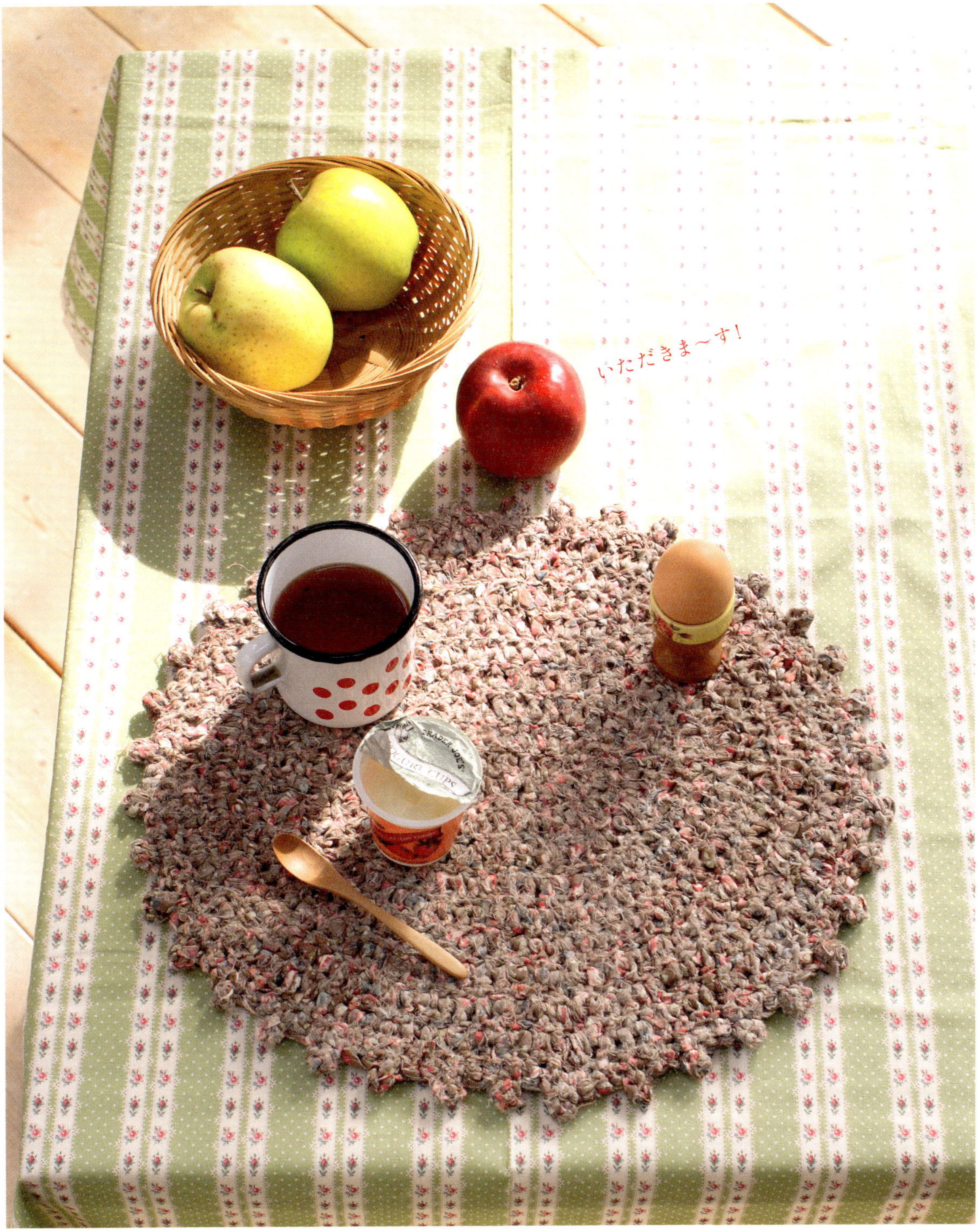

11 「ランチョンマット」

編み始めはたった5目の鎖編み。そのまわりをぐるぐると増やしながら編んで、楕円形に広げていきます。縁編みのかわいいピコットがポイントです。

✽ デザイン＝百瀬柚子
✽ 作り方＝43page

ホーローマグ／ビスケット、エッグカップ／ジェニオ アンティカ

sono-2

Interior zakka

インテリア雑貨 + 毎日使うもの

使うものは作る、そんなふうにハンドメイドを楽しめたら嬉しいですね。
部屋の中で日々使っていけるさり気ないデザインがいいみたい。

12

「ティッシュカバー」

どの家でもたいてい使っている
箱ティッシュ。カバーをするのと
しないのとでは、素敵度が
まるで違ってくるから、
ぜひ作ってほしいアイテムのひとつ。

❋デザイン＝武下厘砂
❋作り方＝44page

裂き編みしたパーツは、
ストラップと底部分に
ワンポイント使いで登場。

13

「ルームシューズ」

「ただいま」のあとは、
かわいいルームシューズでリラックス。
蝶と花のモチーフを、
線描き風にラフに刺しゅうして。

❋デザイン＝武下厘砂
❋作り方＝46page

Interior zakka

14 「カゴ」

サイズ違いのお揃いのカゴには、
持ち手を付けて使い勝手も便利に。
リビングのごちゃごちゃだって
おしゃれに収納可能です。

❀デザイン＝野間口由里子
❀作り方＝50page

使わないときは3つ重ねて
コンパクトに収納。

ばってんで
しっかり付けます。

底からぐるぐると
丸く編み始めます。

あみあみ
ぐるぐる…

15

「フロアマット」

細編みをアレンジした編み方をしたら、
モコモコした立体感が出ました。
優しい肌触りで、素足にとても
気持ちのいいマットです。
※デザイン =Sachiyo*Fukao
※作り方 =45page

16

「フロアマット」

編み物にもパッチワーク感覚をかわいく
取り入れてみると、細編みだけのマットも
ぐっとグレードアップして見えてきます。
❋デザイン＝野間口由里子
❋作り方＝52page

今日はなにを編もうかな

Sakiami komono　　　はさみ・定規 / ジェニオ アンティカ

飾りに付けたレースとボタンは
ほんのちょっとの分量だけど、
仕上がりの印象を決める大事なポイント。

17

「小物入れ」

長方形に編んだ小物入れ本体に、
あとから別布を付けてフタにします。
今までありそうでなかった
かわいいデザイン。
✤デザイン＝武下厘砂
✤作り方＝54page

フタ布の端には、ボタンと同じ
赤い糸でステッチをかけておきます。

18

「小物入れ」

いろんな色の入ったチェックの布で編んだら、
深みを感じる編み上がりに変身。
途中で麻糸にかえて、布とは違った表情をプラス。
✤デザイン＝Sachiyo*Fukao
✤作り方＝57page

Interior zakka

19

「スリッパ」

モノトーンの色合わせのスリッパは、親子で楽しめる2サイズ。
特に底部分の編み地は固くしっかり、ちょっときつめに編みましょう。

❀ デザイン＝野間口由里子
❀ 作り方＝58page

20 「椅子カバー」

丸い編み地と同じ布で、まわりにヒラヒラフリルを付けたかわいい形。
1枚あるだけで、お部屋の印象も変えてくれます。

✼ デザイン＝武下厘砂
✼ 作り方＝53page

sono-3

Bag & Pouch

バッグやポーチ、お出かけのおしゃれに

かわいく手作りできたら、誰かに見てもらいたくなるというもの。
だからやっぱりバッグやおしゃれ小物は、いつでも作りたくなるアイテムです。

ポシェットの中袋とフタが
同じ布だから、
開いたときにも統一感が。

21

「ポシェット」

「ちょっとそこまで」、に便利なポシェットは
フタだけ裂き編みにして軽快に。
ひもは使う人の身長に合わせて
長さを調節してあげましょう。

❋デザイン＝野間口由里子
❋作り方＝60page

ポシェット本体には、
フタに負けないくらい織り地の
ざっくりした布を選んで。

あっちこっち、
散歩したい気分です

22 「ぺたんこバッグ」

シンプルな形をシンプルな色合わせで作ったら、
なんとも大人かわいいバッグになりました。布の素材感が勝負です。
❋デザイン＝野間口由里子
❋作り方＝56page

23

「バネ式ポーチ」

編み地と布をパッチワーク感覚で
縫いつないで作ります。
たっぷり入るから、バッグの中の
こまごましたものはおまかせ。

❋ デザイン＝武下厘砂
❋ 作り方＝62page

バネの両側を押すとカパッと開きます。
中袋の色選びを楽しんで。

25
「巾着袋」

定番人気の巾着袋にも
ひと手間かけて裂き編みをプラス。
口部分の長編みのあいだに
リボンを通します。

❋デザイン＝武下厘砂
❋作り方＝66page

24
「コサージュ」

お出かけの気分を盛り上げる
かわいいコサージュ。
ちょっとずつ残った布も大切に使えます。

❋デザイン＝武下厘砂
❋作り方＝64page

27 「携帯電話ケース」

メタリックな携帯電話もケースに入れておけば傷から守れて安心。
「あれ、携帯どこ?」なんてもうあわてません。
※デザイン=Sachiyo*Fukao
※作り方=69page

26 「バッグ」

のんびりしたオフの日に持ちたいお買い物バッグ。
小さなドット柄の布と麻糸を合わせてキュートな雰囲気に。
※デザイン=Sachiyo*Fukao
※作り方=68page

30　Sakiami komono

28

「カゴ」

シンプルな木のカゴが、
裂き布でおしゃれに変身。
今日はこのカゴと一緒にお出かけ、
そんな気分になりそう。
❉デザイン＝武下厘砂
❉作り方＝67page

近くの公園へ
お弁当入れてこっと♪

平たく編んだフタを、
革ひもで持ち手に引っかけるだけ。

革ひもに通した飾りは、
かわいい葉っぱのモチーフ。

29 「巾着ポーチ」

定番人気のあるブラックウォッチの布で作った巾着。
底部分も同じ布で編み、レースをはさんであとから巾着に縫い付けます。

❁ デザイン＝野間口由里子
❁ 作り方＝70page

30

「通帳ケース」

銀行に行くのが
楽しくなりそうな通帳ケース。
ひもをくるくる巻くだけなので、
出し入れもスムーズで便利。

✿ デザイン＝野間口由里子
✿ 作り方＝71page

中を開くと片側だけがポケットになっています。

01 ティーコゼー ✤作品=5page

用意するもの
綿布（オレンジ）=130cm×65cm
綿布（白）=130cm×65cm
2cm幅のリボン=13cm
縫い糸=紺
針=かぎ針8/0号

でき上がり寸法
図参照

作り方ポイント
1　それぞれの布を1.3cm幅に裂きます。
2　オレンジの糸で輪の作り目をし、図のように配色をしながら18段編みます。
3　リボンで持ち手を付けます。

▼=糸を切る

―― =白
―― =オレンジ

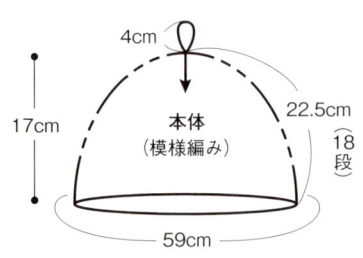

増し目

段数	目数	
18段	66目	
17段		
16段		
15段		
14段		
13段		
12段	66目	(+6目)
11段	60目	
10段	60目	(+6目)
9段	54目	
8段	54目	(+6目)
7段	48目	
6段	48目	(+12目)
5段	36目	
4段	36目	(+12目)
3段	24目	(+8目)
2段	16目	(+8目)
1段	8目	

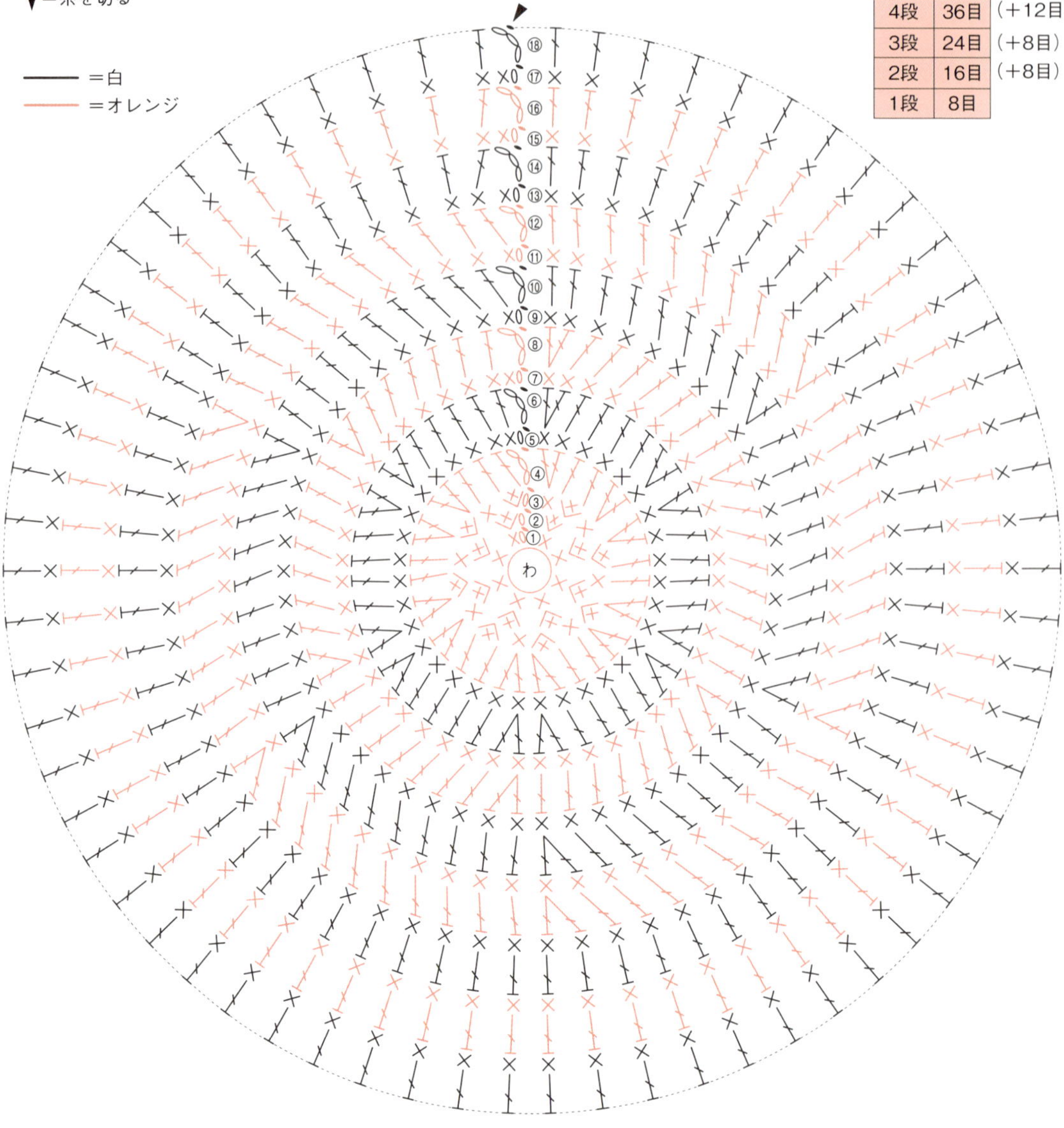

持ち手の付け方

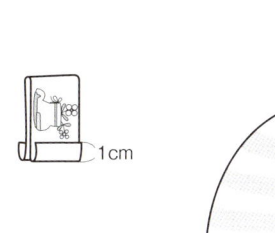

1.
リボンを半分に折り、両端を1cm折り返して本体の編み始めの穴に入れ、本体の中心の輪を引きしめます。

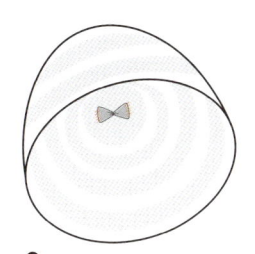

2.
1cm折り返したところを本体の裏側にまつり付けます。

02 ランチョンマット ※作品＝5page

用意するもの
綿布（赤）＝92cm×170cm
綿布（花柄）＝112cm×15cm
針＝かぎ針10/0号

でき上がり寸法
縦30cm×横43cm

作り方ポイント
1. それぞれの布を1.5cm幅に裂きます。
2. 赤い糸で鎖42目の作り目をし、長編みで17段編みます。
3. そのまま鎖1目で立ち上がり、細編みで1段縁編みします。
4. 縁編みの1段めの終わりで花柄の糸にかえ、細編みで1段編みます。

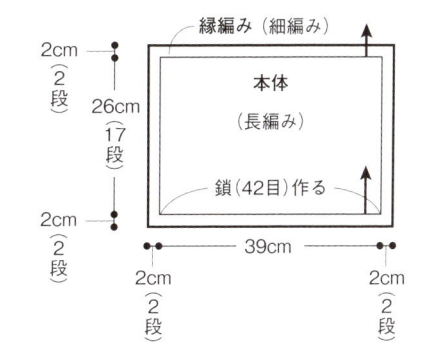

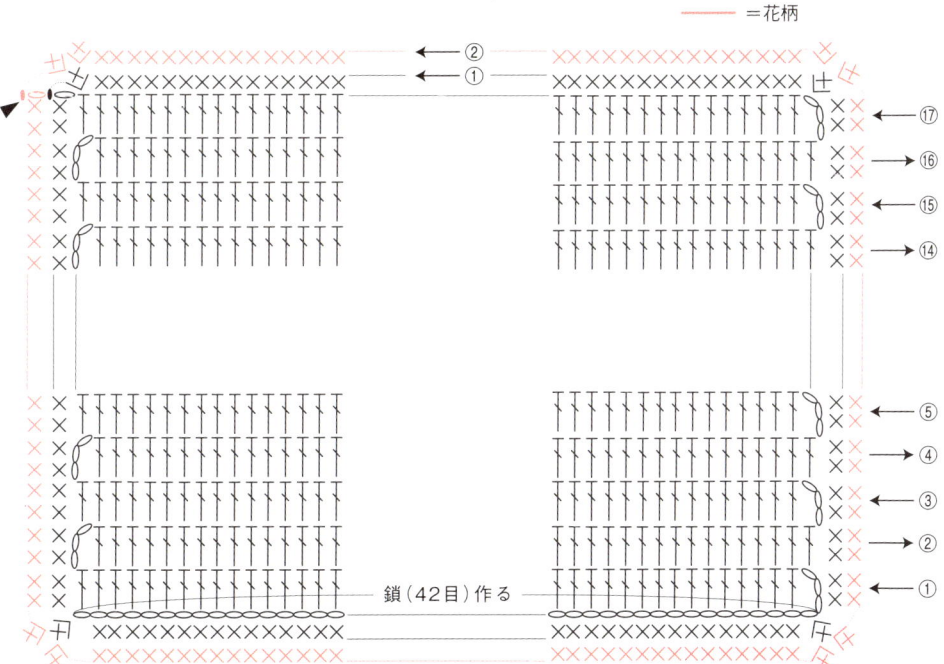

▼＝糸を切る
　＝赤
　＝花柄

本体（長編み）
鎖（42目）作る
2cm（2段）　26cm（17段）　2cm（2段）
39cm　2cm（2段）　2cm（2段）
縁編み（細編み）

03 ポットマット ❖作品=6page(左)

用意するもの
綿シーチング布(紺)=92cm×30cm
25番刺しゅう糸(銀)=2束
針=かぎ針10/0号、4/0号
でき上がり寸法
直径15.5cm(本体直径 13cm)
作り方ポイント
1 布を1.5cm幅に裂きます。
2 輪の作り目をし、増し目をしながら6段編みます。
3 刺しゅう糸は2束分を引き合わせ、12本取りにします。その糸で縁編みを2段編みます。

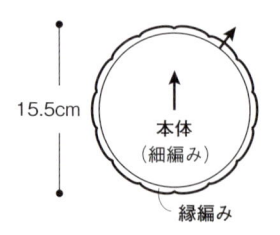

▼=糸を切る
▽=糸を付ける
―=紺(10/0号針)
―=銀(4/0号針)

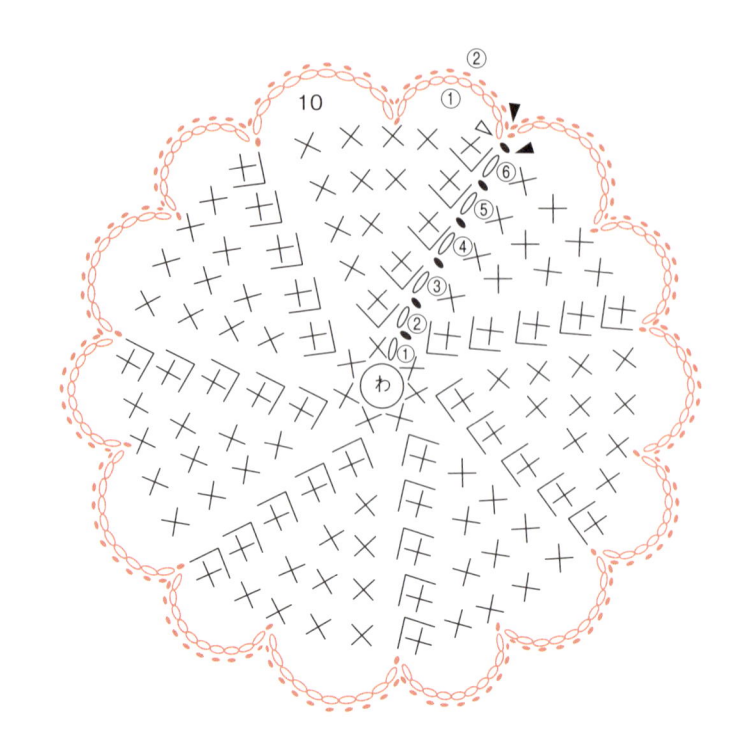

増し目

段数	目数	
6段	42目	(+7目)
5段	35目	(+7目)
4段	28目	(+7目)
3段	21目	(+7目)
2段	14目	(+7目)
1段	7目	

04 ポットマット ✿作品=6page(右)

用意するもの
薄い麻布(白)=110cm×14cm
綿布(パープル花柄)=110cm×7cm
針=かぎ針8/0号

でき上がり寸法
図参照

作り方ポイント
1 それぞれの布を1cm幅に裂きます。
2 パープルの糸で鎖15目の作り目をし、図のように配色をして細編みで18段編みます。
3 パープルの糸で吊りひもを編みます。
4 本体の右上に吊りひもを結び付けます。

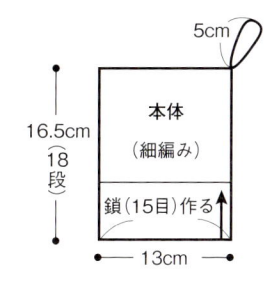

▼=糸を切る

―― =白
―― =パープル花柄

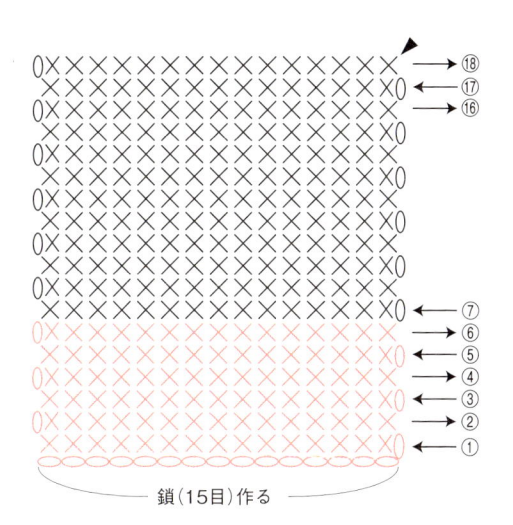

吊りひも

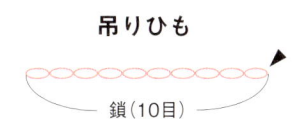

05 ポットマット ✤作品=7page(左)

用意するもの
綿布(小花柄)=33cm×83cm
針=かぎ針8/0号

でき上がり寸法
図参照

作り方ポイント
1 布を1cm幅に裂きます。
2 輪の作り目をしてモチーフを1枚編みます。
3 2枚めからは引き抜きの位置で編みつないでいきます。

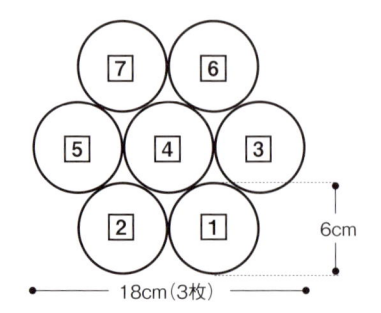

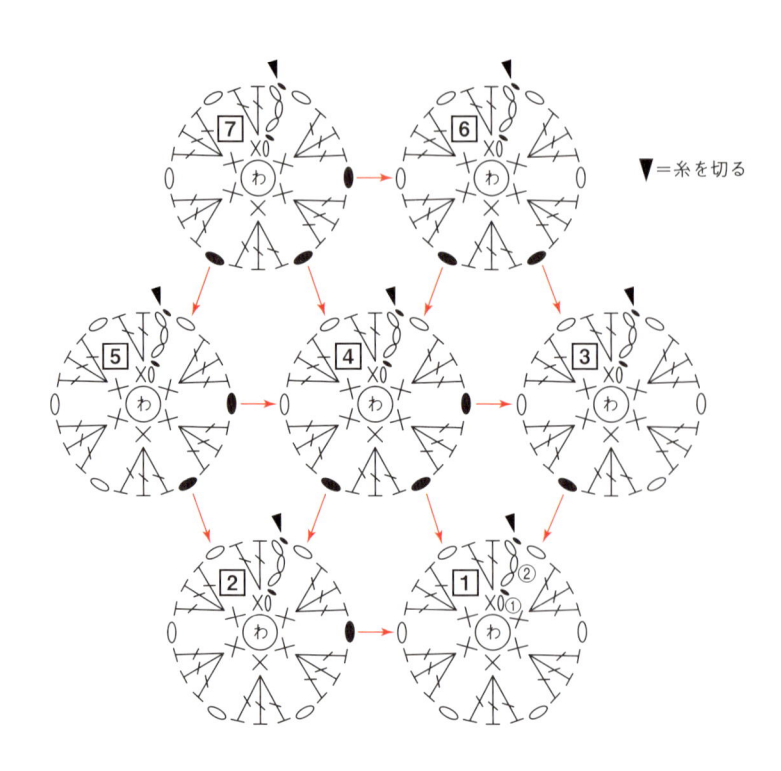

▼=糸を切る

モチーフのつなぎ方

1. 1枚めのモチーフを編む。
2. 2枚めのモチーフを引き抜き編みの手前まで編む。
3. 1枚めのモチーフの編みつなぐ位置の鎖目に針を上から束に入れて引き抜き編みし、続けて2枚めの残りを編む。
4. 3枚め以降も同様に編みつないでいく。

06 ポットマット ❋作品=7page(右)

用意するもの
綿布(薄パープル花柄)=114cm×25cm
綿布(クリーム)=92cm×10cm
綿布(えんじ)=92cm×10cm
針=かぎ針8/0号

でき上がり寸法
縦18cm×横18cm

作り方ポイント
1 それぞれの布を1cm幅に裂きます。
2 花柄の糸で鎖6目の作り目をして輪にし、図のように4段編みます。
3 4段めの終わりでクリームの糸にかえて1段編みます。
4 編み終わりでえんじの糸にかえてもう1段編みます。

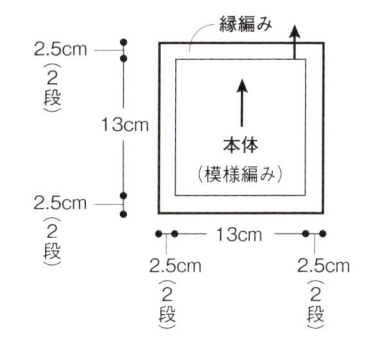

▼=糸を切る

―― =薄パープル花柄
―― =クリーム
―― =えんじ

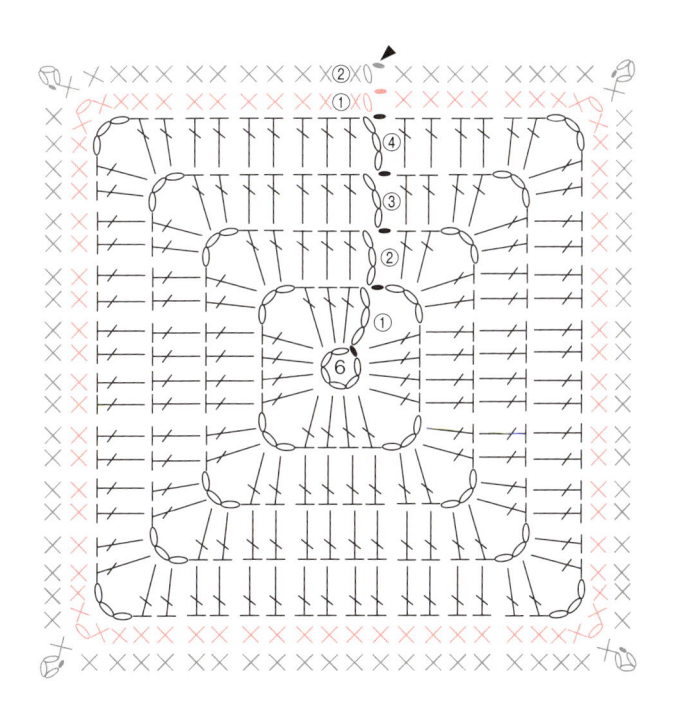

07 鍋敷き　❖作品=8page

用意するもの
綿布（黄 水玉）=92cm×45cm
綿布（緑 水玉）=92cm×25cm
綿布（茶 水玉）=92cm×20cm
針=かぎ針8/0号

でき上がり寸法
縦20cm×横20cm

作り方ポイント

1. それぞれの布を1.5cm幅に裂きます。
2. 黄色の糸で鎖24目の作り目をし、図のように配色をしながら14段編みます。
3. 本体の最後で緑色の糸にかえて縁編みを1段編みます。左右の立ち上がりと長編みのところは束に拾います。
4. 本体の右上に黄色い糸を付けて持ち手を編みます。

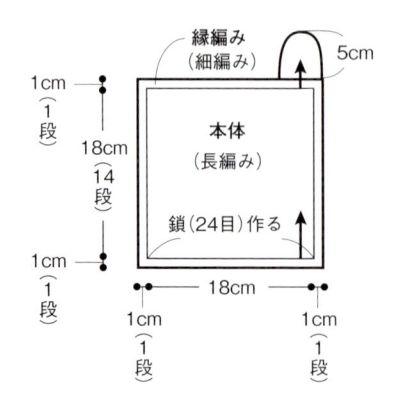

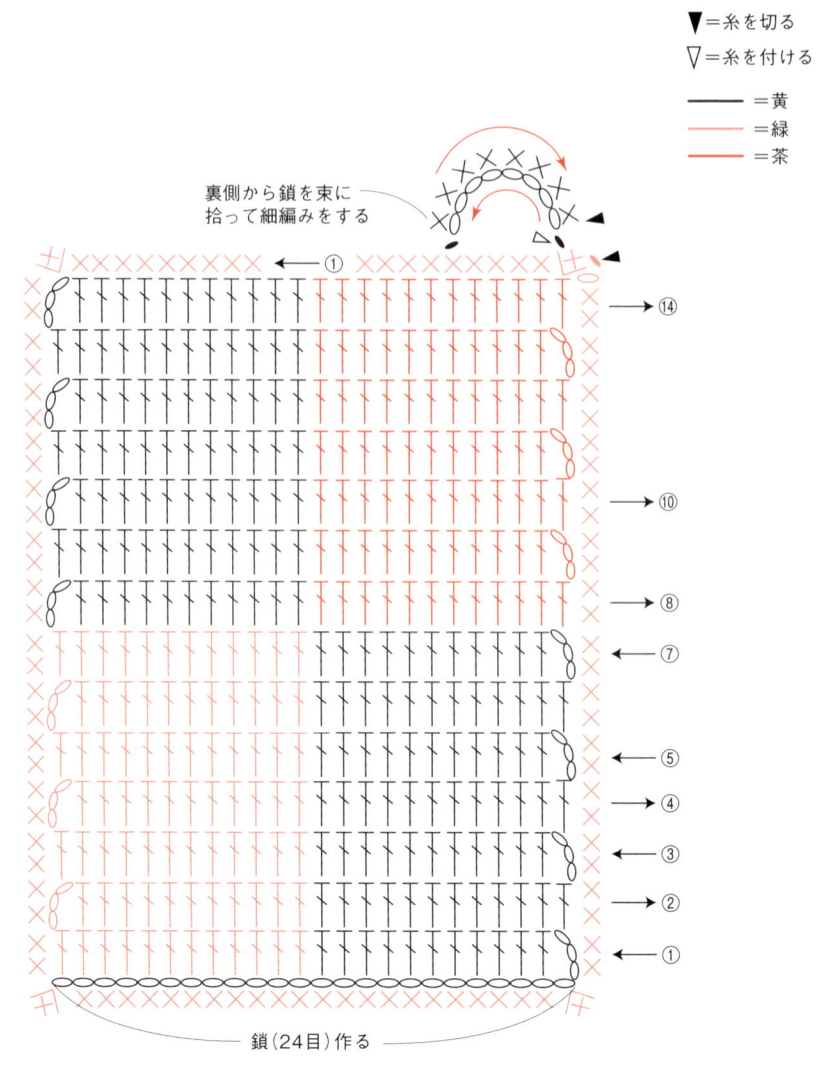

▼=糸を切る
▽=糸を付ける

―=黄
―=緑
―=茶

裏側から鎖を束に拾って細編みをする

鎖(24目)作る

08 コースター ❖作品＝9page（◯type）

用意するもの
水色
綿布（水色 水玉）＝38cm×25cm
糸＝ダルマ手編み糸（横田）
　カフェマダガスカルの綿（1）生成り 3g
オレンジ
綿布（オレンジ 水玉）＝38cm×25cm
糸＝ダルマ手編み糸（横田）
　カフェマダガスカルの綿（2）ベージュ 3g
針＝かぎ針9/0号

でき上がり寸法
直径11cm

作り方ポイント
1　布を1cm幅に裂きます。
2　輪の作り目をし、増し目をしながら5段編みます。
3　糸をかえて縁編みを1段編みます。

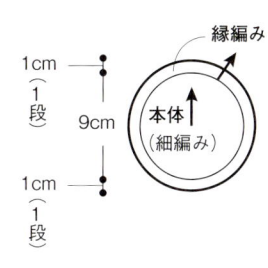

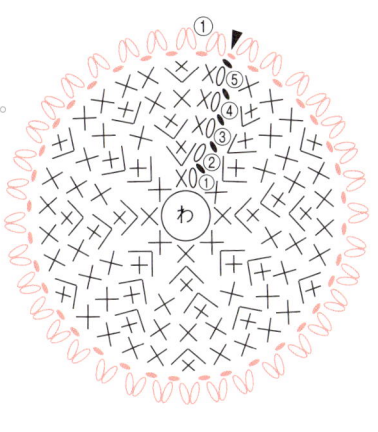

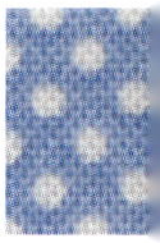

▼＝糸を切る

水色
──── ＝水色 水玉
──── ＝カフェマダガスカルの綿 生成り

オレンジ
──── ＝オレンジ 水玉
──── ＝カフェマダガスカルの綿 ベージュ

増し目

段数	目数	
5段	36目	（+6目）
4段	30目	（+6目）
3段	24目	（+8目）
2段	16目	（+8目）
1段	8目	

---

09 コースター ❖作品＝9page（□type）

用意するもの
ピンク
綿布（ピンク 花柄）＝110cm×9cm
綿布（生成り 花柄）＝110cm×4cm
生成り
綿布（生成り 花柄）＝110cm×9cm
綿布（茶 花柄）＝110cm×4cm
針＝かぎ針9/0号

でき上がり寸法
縦10.5cm×横10.5cm

作り方ポイント
1　布を1cm幅に裂きます。
2　輪の作り目をし、図のように5段編みます。
3　糸をかえて縁編みを1段編みます。

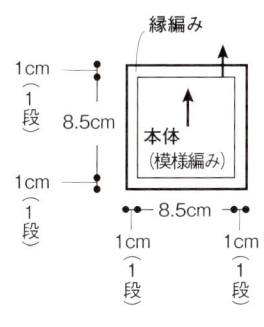

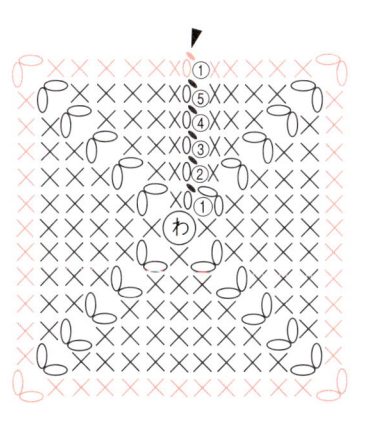

▼＝糸を切る

ピンク
──── ＝ピンク 花柄
──── ＝生成り 花柄

生成り
──── ＝生成り 花柄
──── ＝茶 花柄

10 マルチカバー　❖作品＝10page

用意するもの
綿オーガンジー布（水色）＝90cm×64cm
綿オーガンジー布（生成り）＝90cm×64cm
糸＝ダルマ手編み糸（横田）
カフェオーガニッククロッシェ10(1)生成り 20g
針＝かぎ針8/0号、5/0号

でき上がり寸法
縦31.5cm×横42cm

作り方ポイント
1. それぞれの布を1cm幅に裂きます。
2. 輪の作り目をし、図のように糸とかぎ針をかえながら1枚めを編みます。
3. 2枚めは最終段の指定の位置で1枚めのモチーフと編みつなぎます。
4. 3枚めからも同様に最終段で編みつないでいきます。
5. 同様にモチーフ12枚をつなぎます。

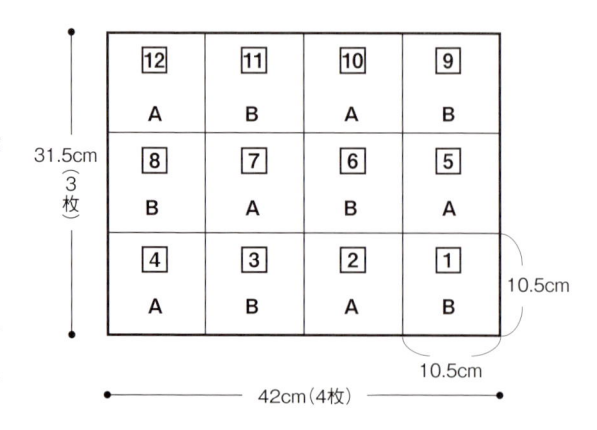

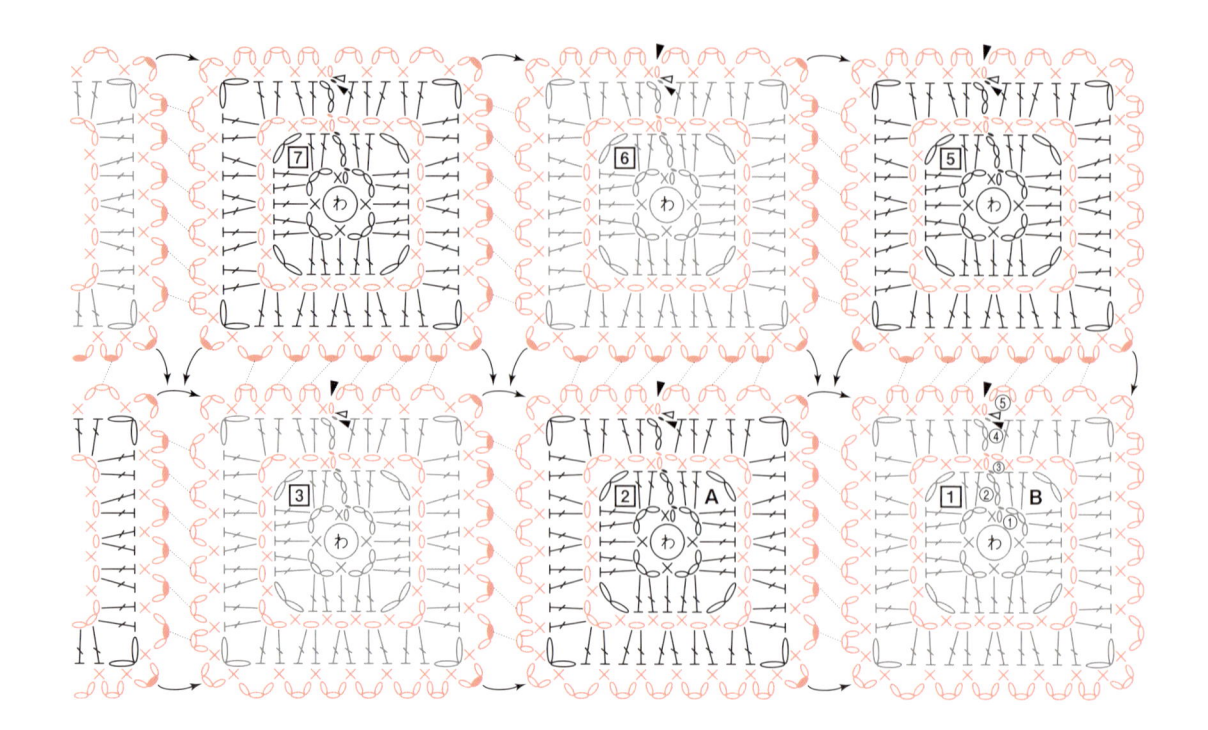

12 A	11 B	10 A	9 B
8 B	7 A	6 B	5 A
4 A	3 B	2 A	1 B

31.5cm (3枚)　10.5cm　42cm(4枚)　10.5cm

▼＝糸を切る
▽＝糸を付ける

―――＝水色（8/0号針）
―――＝カフェオーガニッククロッシェ10（5/0号針）
―――＝生成り（8/0号針）

モチーフのつなぎ方
1. 1枚めのモチーフを編む。
2. 2枚めのモチーフを引き抜き編みの手前まで編む。
3. 1枚めのモチーフの編みつなぐ位置の鎖目に針を上から束に入れて引き抜き編みし、続けて2枚めの残りを編む。
4. 3、4枚めも同様に編みつないでいく。
5. 5枚めの最初の引き抜きは1、2枚をつないだ引き抜き編みの目の足に針を入れて編む。
6. 6枚め以降も角の目は同様に編みつなぐ。

Sakiami komono

11 ランチョンマット ❋作品=11page

用意するもの
綿布(花柄)=112cm×170cm
針=かぎ針10/0号

でき上がり寸法
図参照

作り方ポイント
1 布を1.5cm幅に裂きます。
2 鎖5目の作り目をし、増し目をしながら長編みで9段編みます。
3 ピコットの縁編みを1段編みます。

増し目

段数	目数	
9段	116目	(+10目)
8段	106目	(+12目)
7段	94目	(+12目)
6段	82目	(+12目)
5段	70目	(+12目)
4段	58目	(+12目)
3段	46目	(+12目)
2段	34目	(+14目)
1段	20目	

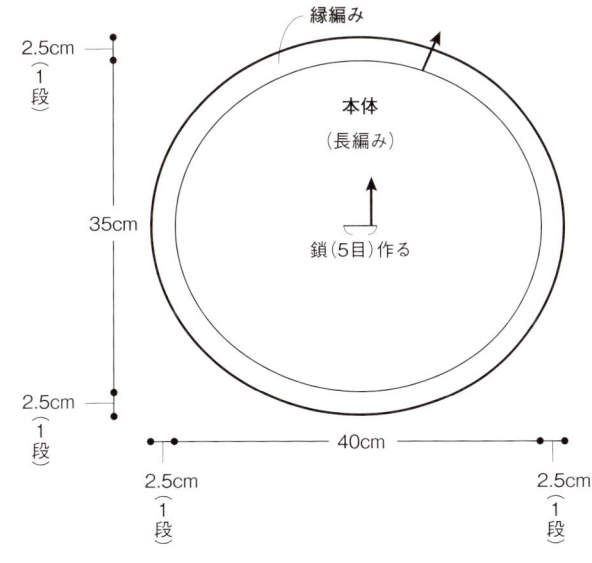

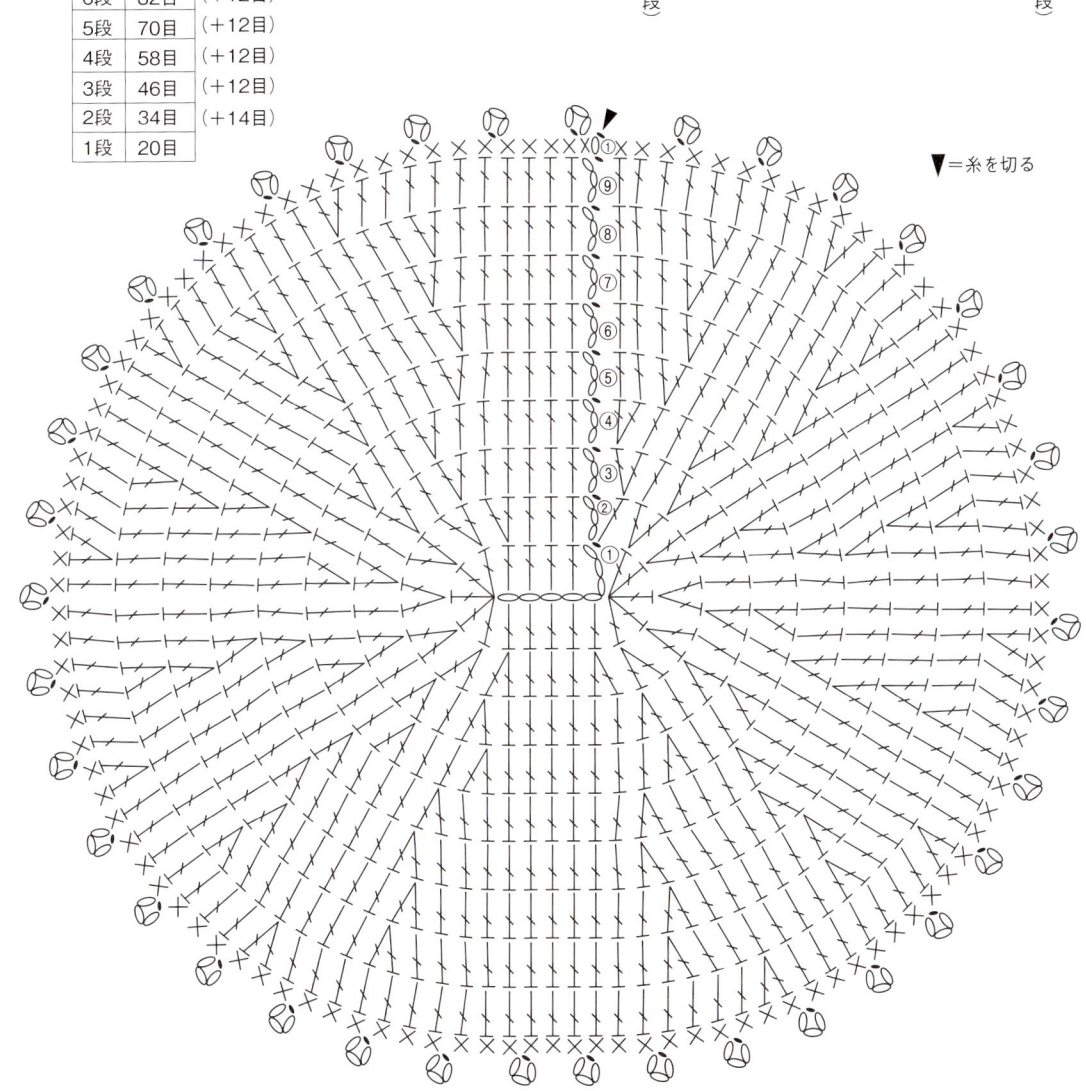

▼=糸を切る

12 ティッシュカバー ✾作品=13page

用意するもの
綿布（チェック）=110cm×100cm
2cm幅の革テープ=9.5cm×1本
縫い糸=赤、こげ茶
針=かぎ針8/0号

でき上がり寸法
図参照

作り方ポイント
1 布を1cm幅に裂きます。
2 指定の数で鎖の作り目をして上面と側面をそれぞれ2枚ずつ編みます。
3 口部分を止め、上面と側面をつないでカバーを仕立てます。
4 革テープに目打ちなどで穴を開け、側面に縫い付けます。

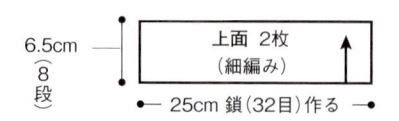

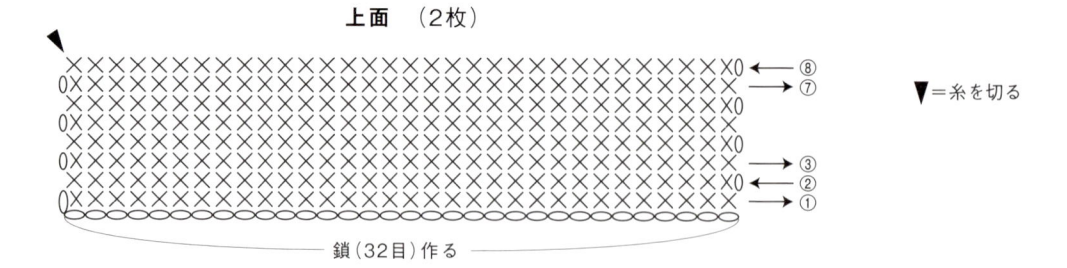

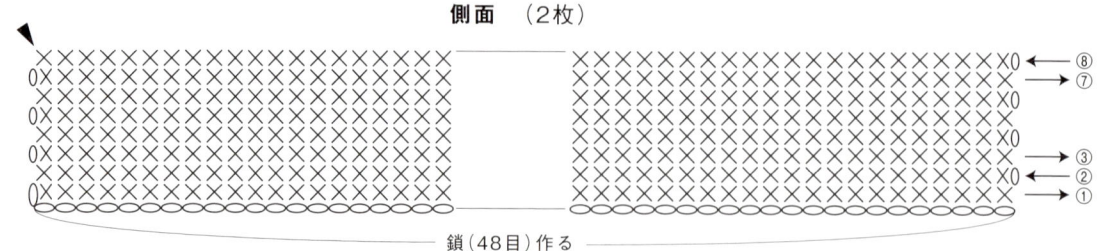

上面 2枚（細編み） 6.5cm(8段) 25cm 鎖（32目）作る

側面 2枚（細編み） 6.5cm(8段) 38cm 鎖（48目）作る

上面（2枚）
鎖（32目）作る
▼=糸を切る

側面（2枚）
鎖（48目）作る

仕立て方

1. 上面2枚をつき合わせ、口部分を残して両側を縫い糸で止めます。
上面 3.5cm 赤の縫い糸

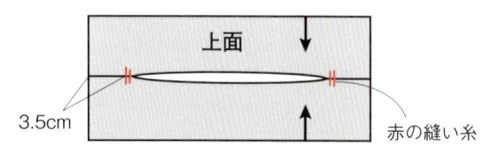

2. 側面と上面を引き抜き編みでつなぎます。
引き抜き編み 側面 引き抜き編み

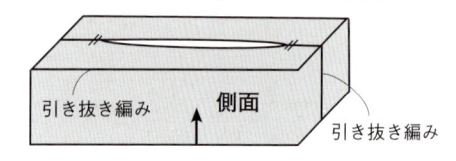

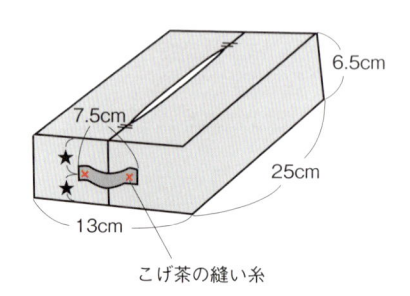

3. テープを縫い付ける
6.5cm 7.5cm 25cm 13cm こげ茶の縫い糸

15 フロアマット ✤作品=16page

用意するもの
綿布（チェック）=110cm×104cm
ガーゼ布（うす茶）=110cm×88cm
針=かぎ針10/0号

でき上がり寸法
縦54.5cm×横36cm

作り方ポイント
1. それぞれの布を1cm幅に裂きます。
2. 鎖43目の作り目をし、4段ごとに配色をしながら、うね編みで60段編みます。

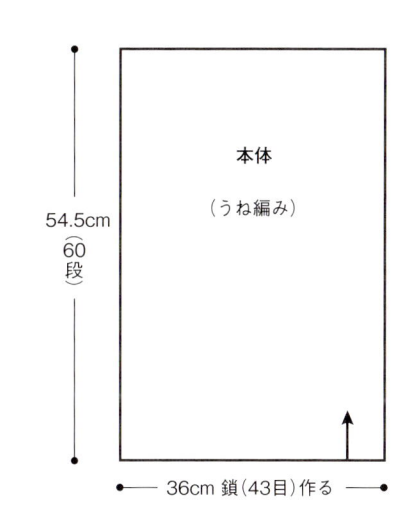

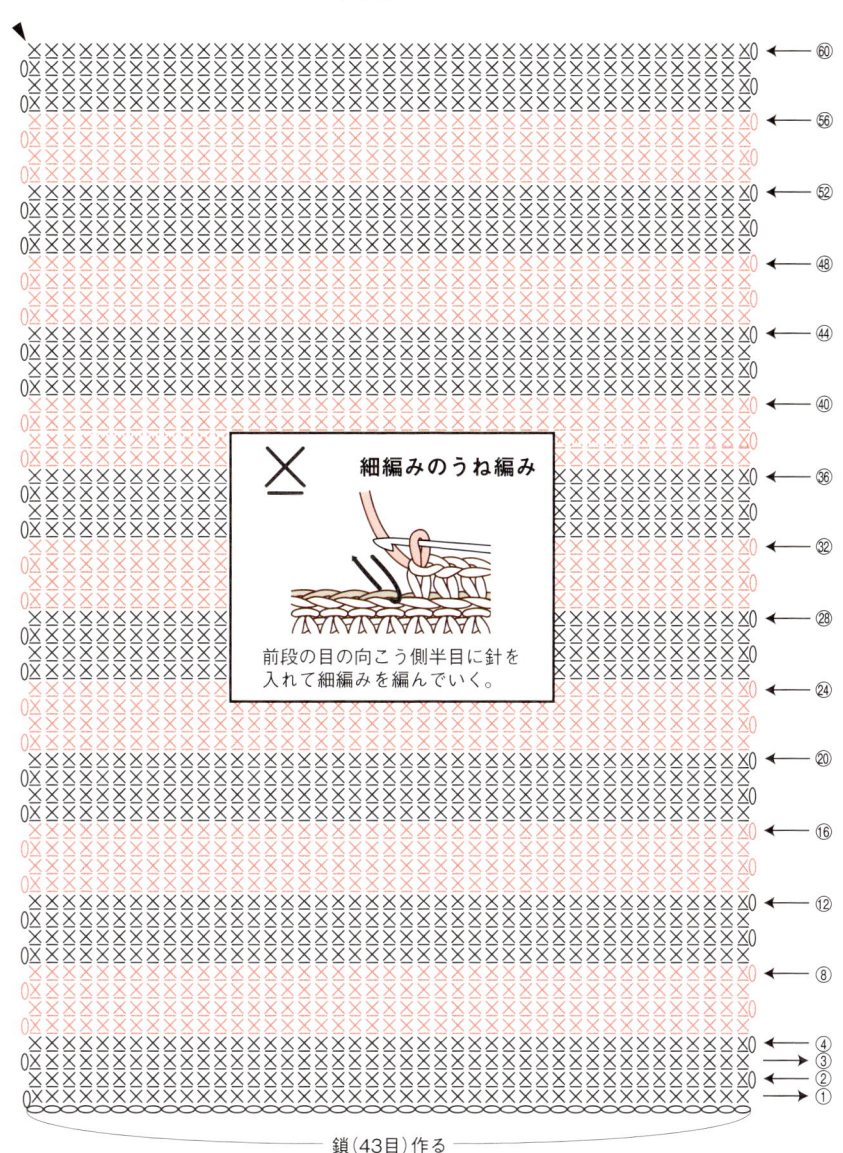

▼=糸を切る　　―=チェック　　―=うす茶

細編みのうね編み
前段の目の向こう側半目に針を入れて細編みを編んでいく。

13 ルームシューズ ❊作品=13page 型紙=48〜49page

用意するもの
リネン（ナチュラル）＝110cm×4cm（ベルト用）
リネン（ナチュラル）＝80cm×60cm（シューズ用）
リネン（赤）＝29cm×10cm（底用）
リネン（赤）＝42cm×30cm（シューズ用）
接着芯＝42cm×30cm
キルト綿（シューズ底用）＝30cm×30cm
直径1.3cmのボタン＝2個
リネン麻糸（ナチュラル）＝適宜
縫い糸＝赤
針＝かぎ針5/0号

でき上がり寸法
図参照

作り方ポイント
1　ベルトと底用の布を0.5cm幅に裂き、それぞれ2枚ずつ編みます。
2　シューズ用の布と接着芯、キルト綿を裁ちます。
3　表布に刺しゅうをします。
4　シューズを仕立ててボタンを付けます。

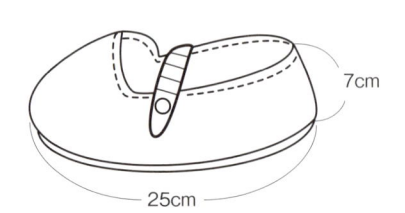

増し目

段数	目数	
5段	25目	(+5目)
4段	20目	(+5目)
3段	15目	(+5目)
2段	10目	(+5目)
1段	5目	

底

▼＝糸を切る

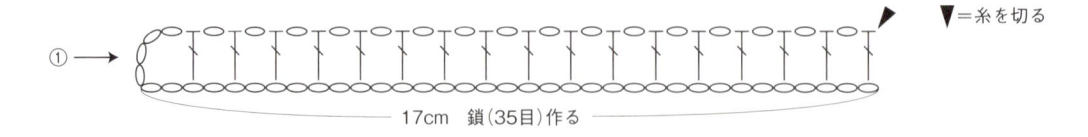

17cm 鎖（35目）作る

仕立て方

1. 表布（側面）に刺しゅうをする。
リネン麻糸（ナチュラル）1本取り

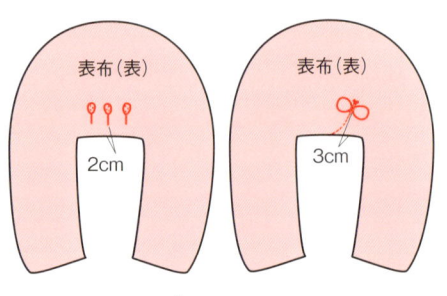

2. 表布の裏に接着芯を貼り、中表に合わせてかかと部分を縫う。裏布は接着芯を貼らずに同様に縫う。

3. 表布にベルトを仮止めする。

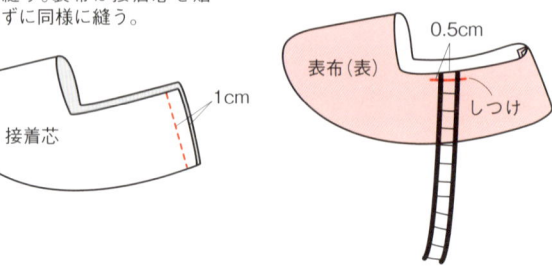

4. 表布と裏布を中表に合わせ、履き口部分を縫う。角に2ヶ所切り込みを入れ、縫い代は割っておく。

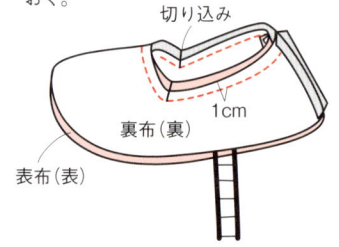

5. 表に返し、履き口部分を一周縫う。つま先部分にギャザー用のステッチをかけて底布の寸法まで糸を引く。

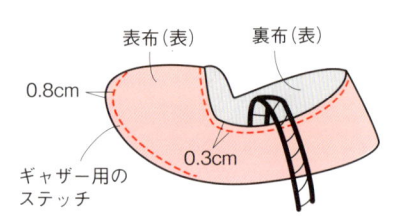

6.
底用の布とキルト綿を用意する。

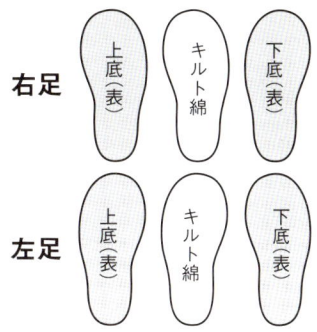

右足　上底布（表）　キルト綿　下底布（表）
左足　上底布（表）　キルト綿　下底布（表）

7.
上底布1枚とキルト綿を重ね、側面と合わせて縫う。縫い代は底側へ倒しておく。

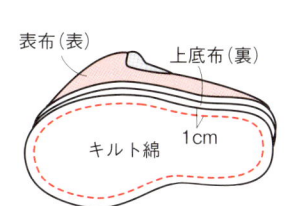

表布（表）　上底布（裏）
1cm
キルト綿

8.
下底布に底用の編み地を縫い付ける。下底布の縫い代は裏側に倒しておく。

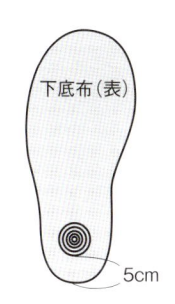

下底布（表）
5cm

9.
本体に下底布を重ね、まつり付ける。

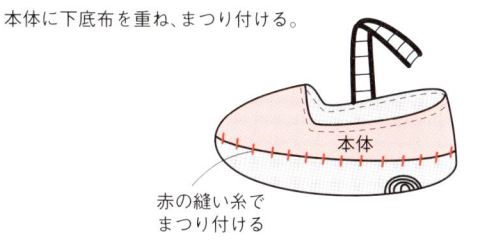

本体
赤の縫い糸でまつり付ける

10.
ボタンを付ける。

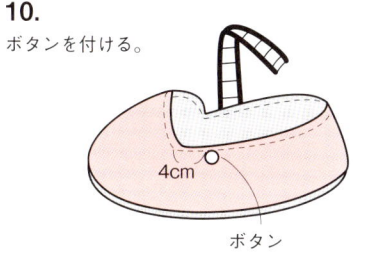

4cm
ボタン

刺しゅう図案　（実物大）　すべて1本どり

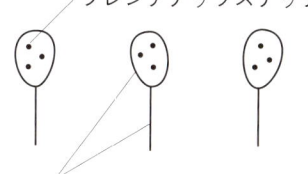

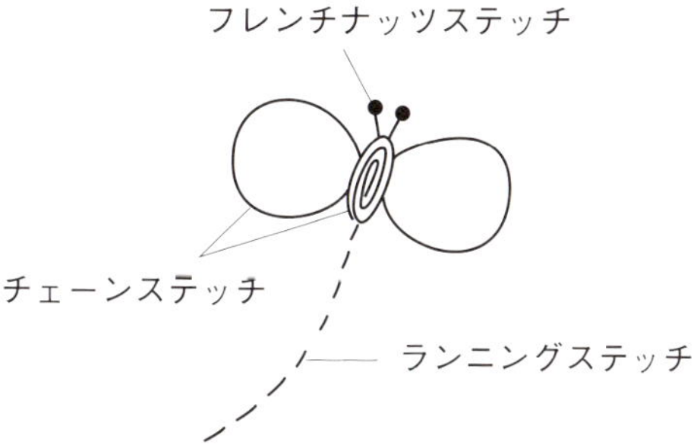

フレンチナッツステッチ
チェーンステッチ

フレンチナッツステッチ
チェーンステッチ
ランニングステッチ

ステッチの刺し方

チェーン ステッチ

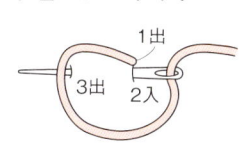

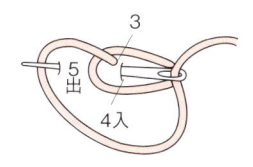

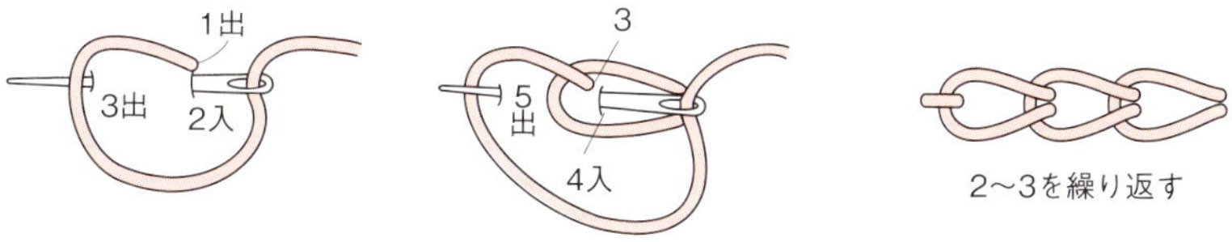

1出　3　5出
3出　2入　4入

2〜3を繰り返す

フレンチナッツステッチ（3回巻き）

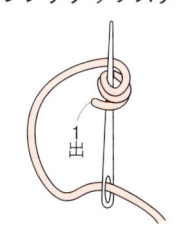

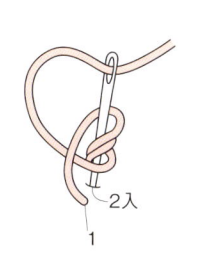

1出
2入
1

ランニング ステッチ

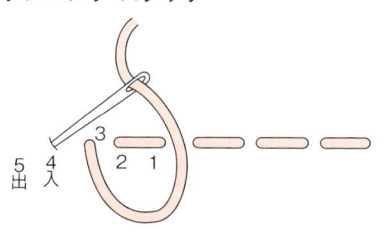

5出　4入　3　2　1

47　*Tsukurikata*

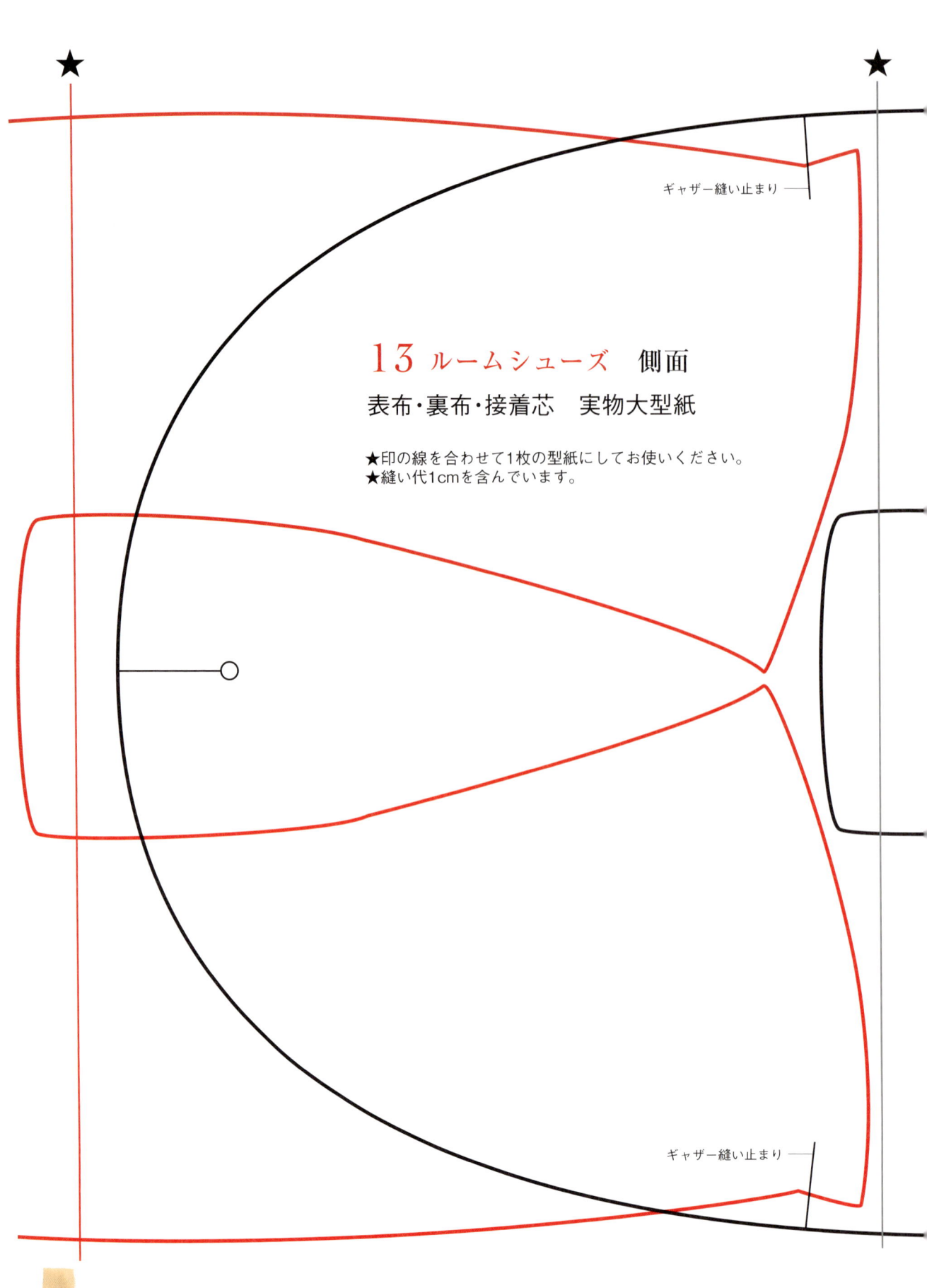

13 ルームシューズ　側面
表布・裏布・接着芯　実物大型紙

★印の線を合わせて1枚の型紙にしてお使いください。
★縫い代1cmを含んでいます。

ギャザー縫い止まり

ギャザー縫い止まり

13 ルームシューズ　底

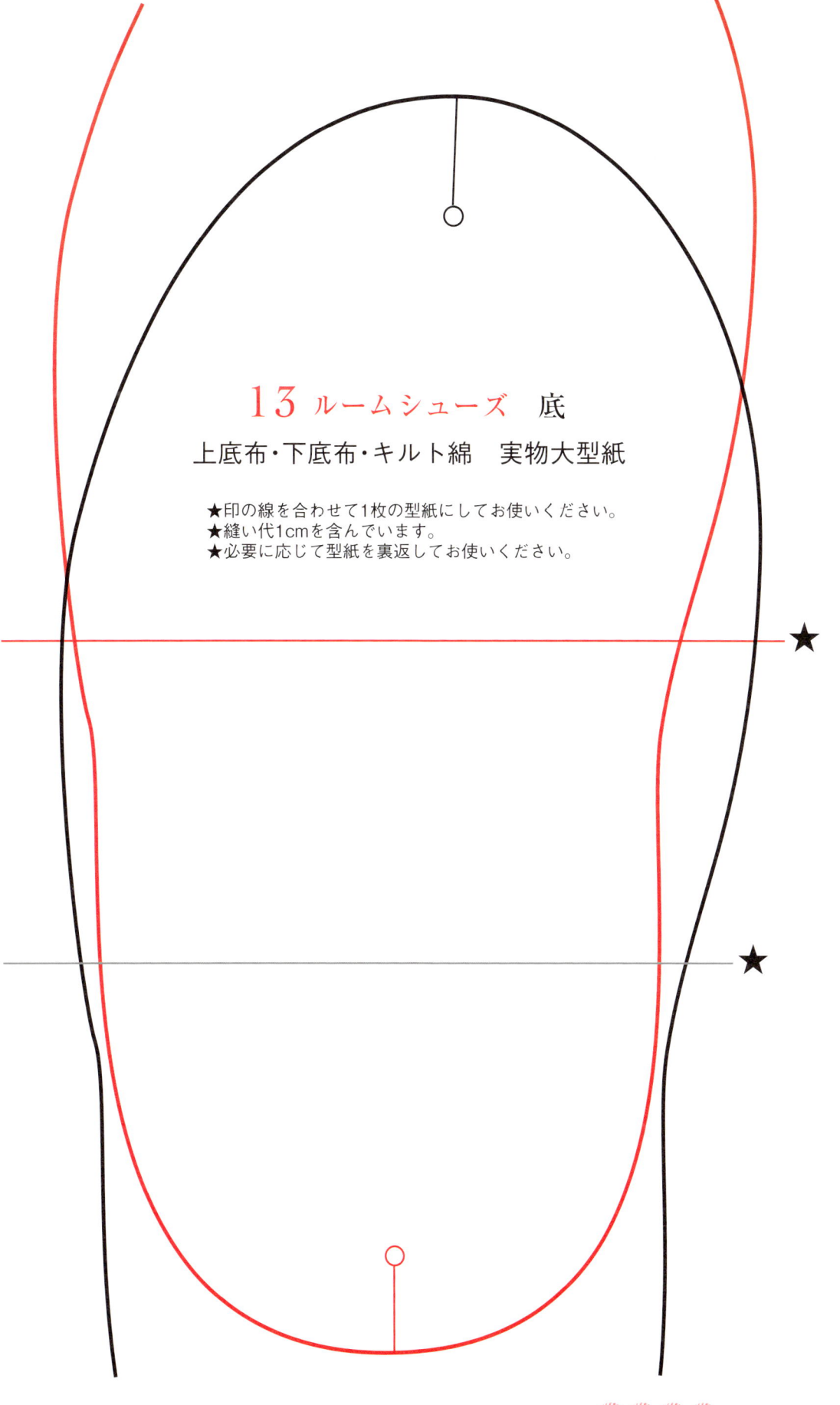

上底布・下底布・キルト綿　実物大型紙

★印の線を合わせて1枚の型紙にしてお使いください。
★縫い代1cmを含んでいます。
★必要に応じて型紙を裏返してお使いください。

14 カゴ ❊作品＝14page

用意するもの
大サイズ
綿布（ブラウンチェック）＝110cm×50cm
綿布（ベージュ）＝110cm×100cm
1.8cm幅の革テープ＝21cm×2本
中サイズ
綿布（ブラウンチェック）＝110cm×32cm
綿布（ベージュ）＝110cm×68cm
1.8cm幅の革テープ＝17cm×2本
小サイズ
綿布（ブラウンチェック）＝110cm×18cm
綿布（ベージュ）＝110cm×32cm
1.2cm幅の革テープ＝14cm×2本
縫い糸＝こげ茶
針＝かぎ針8/0号
でき上がり寸法
図参照
作り方ポイント
1. それぞれの布を1cm幅に裂きます。
2. ブラウンチェックの糸で輪の作り目をし、図のように配色をしながら指定段数を編みます。
3. 持ち手を付けます。

▼＝糸を切る

―＝ブラウンチェック
―＝ベージュ

▨ 部分を3回繰り返す

増し目

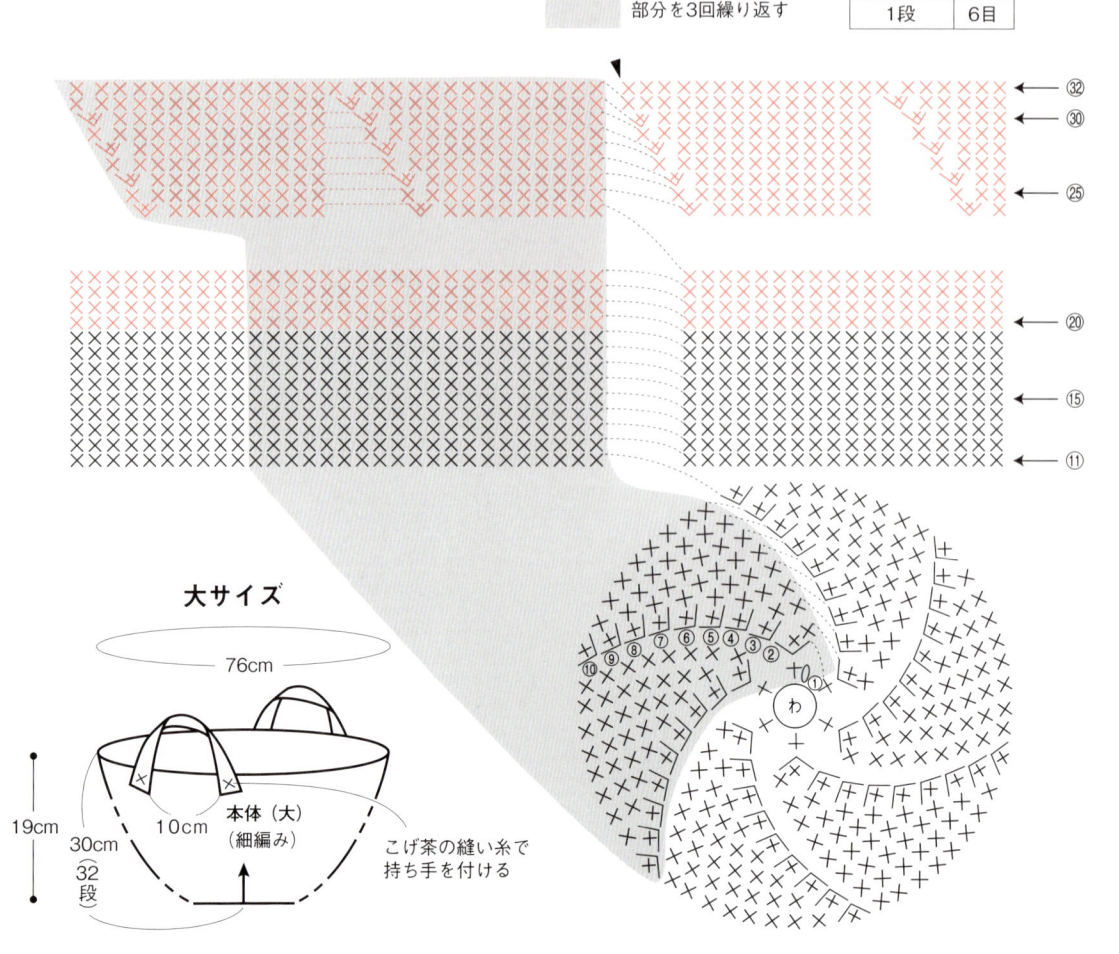

段数	目数	
32段	87目	
31段	87目	(+3目)
30段	84目	(+6目)
29段	78目	
28段	78目	(+6目)
27段	72目	
26段	72目	(+6目)
25段	66目	
24段	66目	(+6目)
20〜23段	60目	
11〜19段	60目	
10段	60目	(+6目)
9段	54目	(+6目)
8段	48目	(+6目)
7段	42目	(+6目)
6段	36目	(+6目)
5段	30目	(+6目)
4段	24目	(+6目)
3段	18目	(+6目)
2段	12目	(+6目)
1段	6目	

大サイズ

76cm
19cm
30cm
10cm
本体（大）
（細編み）
32段
こげ茶の縫い糸で持ち手を付ける

Sakiami komono

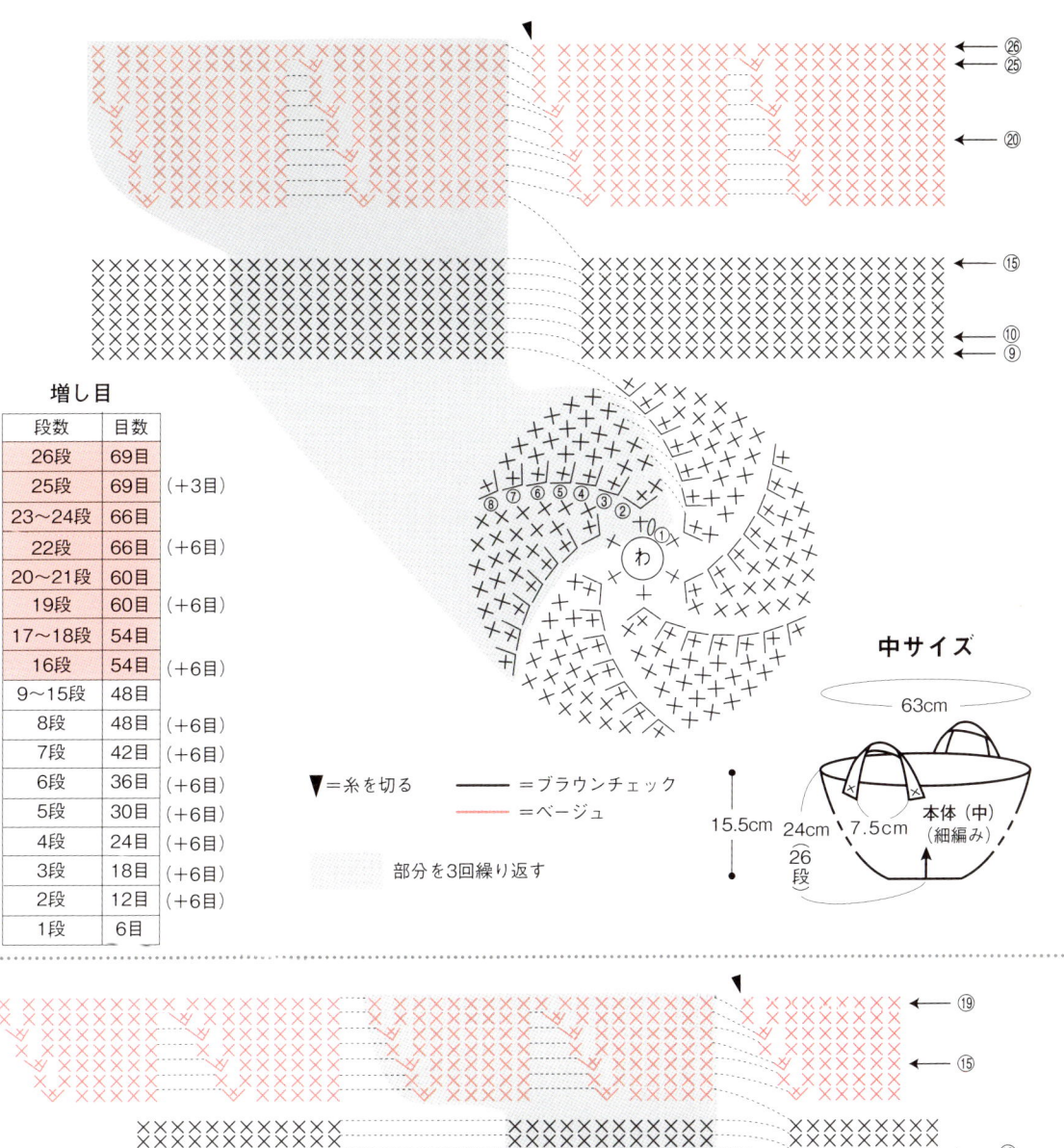

増し目 (中サイズ)

段数	目数	
26段	69目	
25段	69目	(+3目)
23～24段	66目	
22段	66目	(+6目)
20～21段	60目	
19段	60目	(+6目)
17～18段	54目	
16段	54目	(+6目)
9～15段	48目	
8段	48目	(+6目)
7段	42目	(+6目)
6段	36目	(+6目)
5段	30目	(+6目)
4段	24目	(+6目)
3段	18目	(+6目)
2段	12目	(+6目)
1段	6目	

▼=糸を切る ━━━ =ブラウンチェック
　　　　　　 ━━━ =ベージュ

部分を3回繰り返す

中サイズ

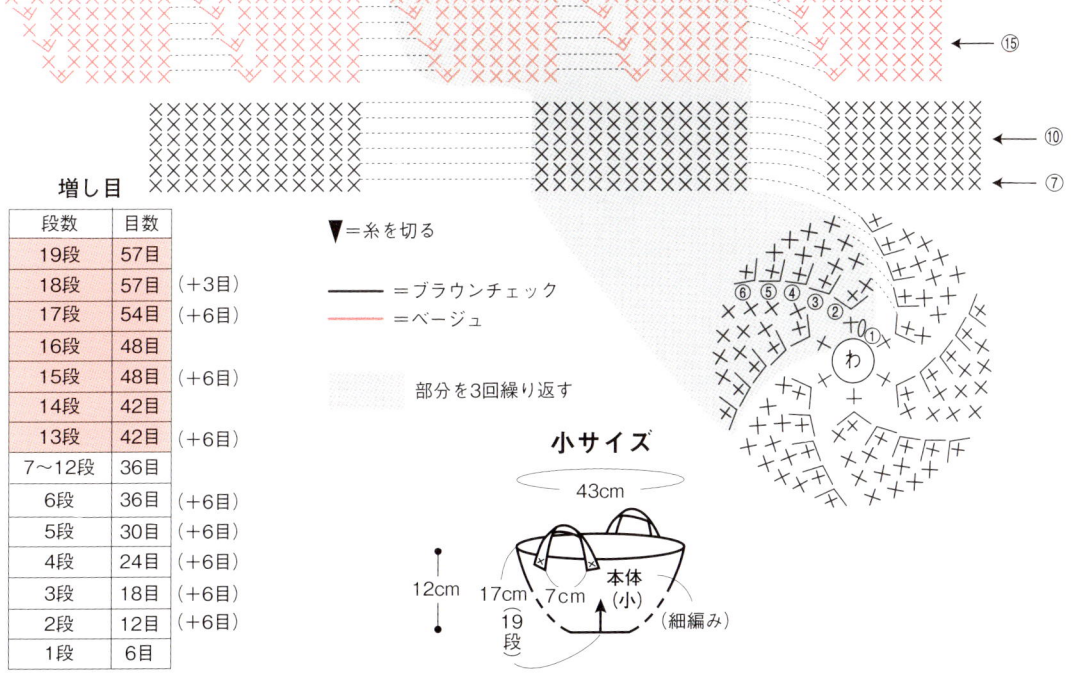

63cm / 15.5cm / 24cm / 7.5cm
本体（中）（細編み）
26段

増し目 (小サイズ)

段数	目数	
19段	57目	
18段	57目	(+3目)
17段	54目	(+6目)
16段	48目	
15段	48目	(+6目)
14段	42目	
13段	42目	(+6目)
7～12段	36目	
6段	36目	(+6目)
5段	30目	(+6目)
4段	24目	(+6目)
3段	18目	(+6目)
2段	12目	(+6目)
1段	6目	

▼=糸を切る

━━━ =ブラウンチェック
━━━ =ベージュ

部分を3回繰り返す

小サイズ

43cm / 12cm / 17cm / 7cm
本体（小）（細編み）
19段

Tsukurikata 51

16 フロアマット　❋作品=17page

用意するもの
綿布（ベージュチェック）=110cm×200cm
綿布（ベージュ花柄）=110cm×15cm
綿布（ドット 赤）=110cm×8cm
薄い麻布（白）=110cm×30cm
針=かぎ針10/0号

てき上がり寸法
縦33.5cm×横52cm

作り方ポイント
1　それぞれの布を1cm幅に裂きます。
2　鎖55目の作り目をし、図のように配色をしながら37段編みます。

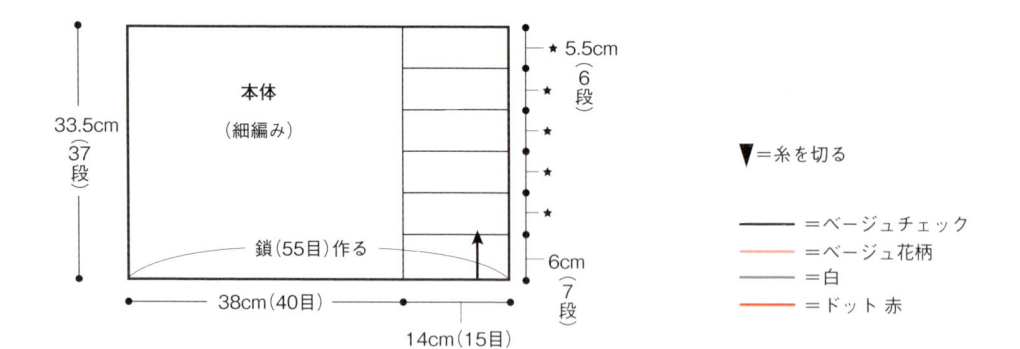

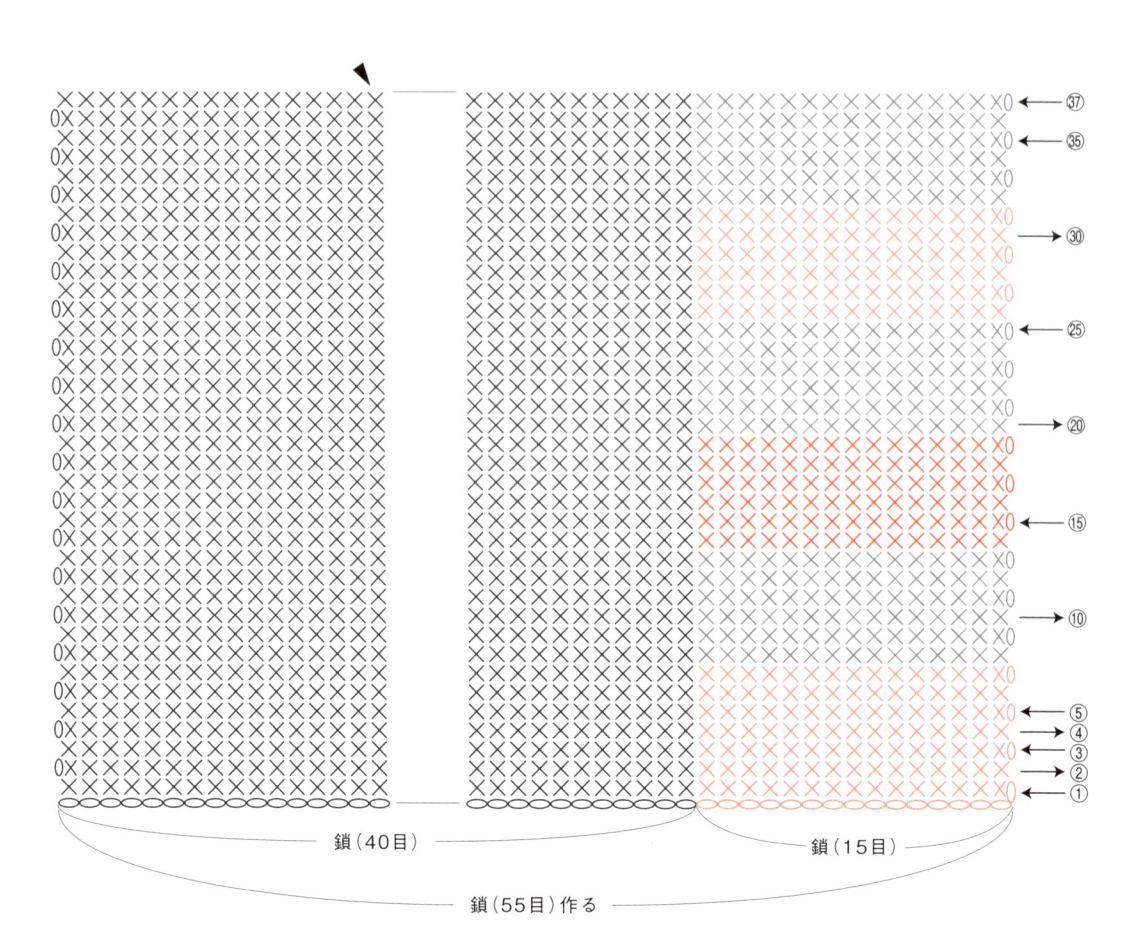

▼=糸を切る

― =ベージュチェック
― =ベージュ花柄
― =白
― =ドット 赤

20 椅子カバー ❀作品=21page

用意するもの
綿布(青)=87cm×100cm(本体用)
綿布(青)=11cm×160cm(フリル用)
縫い糸=青
針=かぎ針8/0号

でき上がり寸法
直径48cm

作り方ポイント
1 本体用の布を1.2cm幅に裂きます。
2 輪の作り目をし、増し目をしながら15段編みます。
3 フリルを作り、仕立てます。

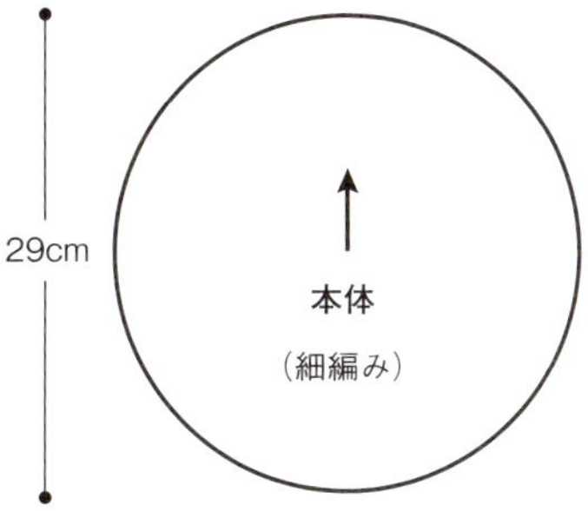

29cm 本体(細編み)

▼=糸を切る

増し目

段数	目数	
15段	90目	(+6目)
14段	84目	(+6目)
13段	78目	(+6目)
12段	72目	(+6目)
11段	66目	(+6目)
10段	60目	(+6目)
9段	54目	(+6目)
8段	48目	(+6目)
7段	42目	(+6目)
6段	36目	(+6目)
5段	30目	(+6目)
4段	24目	(+6目)
3段	18目	(+6目)
2段	12目	(+6目)
1段	6目	

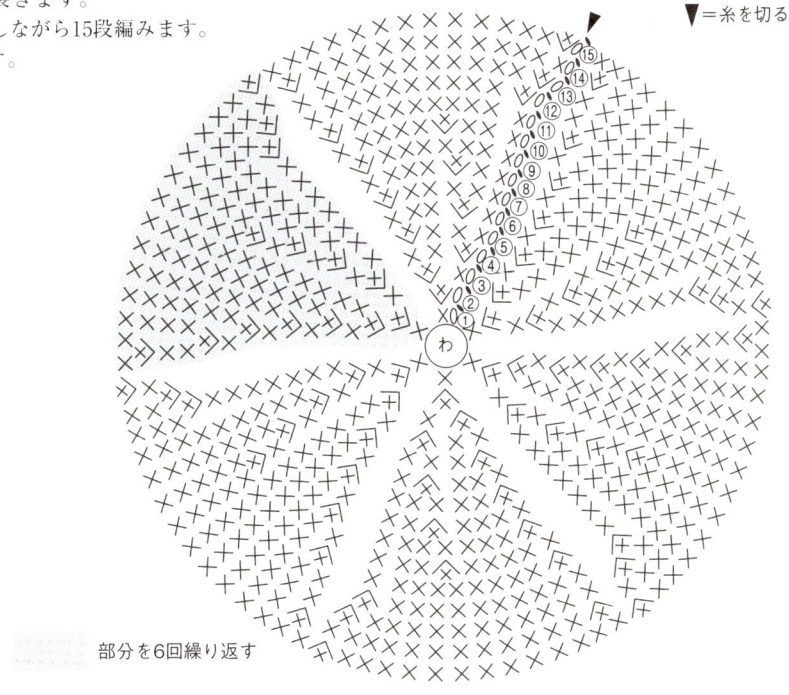

部分を6回繰り返す

仕立て方

1. フリルの布を用意する

フリル(表) 11cm
裁ち切り 160cm 0.5cmのところにステッチをかける

2. フリルを中表に合わせて端を縫い、輪にする(①)。縫い代は片側に倒してステッチで押さえておく(②)。上部にギャザー用のステッチをかける(③)。

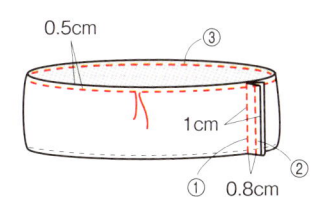

0.5cm ③ 1cm ① 0.8cm ②

3. 本体の大きさまでギャザーを寄せ、縫い代を裏側に1cm折り返しておく。

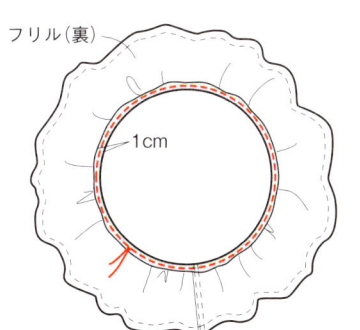

フリル(裏) 1cm

4. 本体の上にフリルをのせ、まつり付ける。

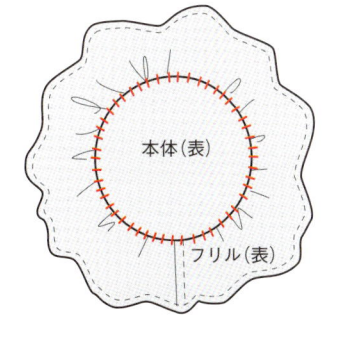

本体(表) フリル(表)

17 小物入れ　❋作品＝18page　型紙＝55page

用意するもの
ダンガリー（水色）＝110cm×130cm（本体用）
Wガーゼ（白）＝46cm×27cm（フタ用）
3cm幅レース＝5.5cm
直径1.5cmのボタン　1個
縫い糸＝白、赤
針＝かぎ針8/0号

でき上がり寸法
縦12cm×横21cm×深さ8cm

作り方ポイント
1　水色の布を1.3cm幅に裂きます。
2　鎖23目の作り目をし、図のように25段編みます。
3　フタの布を裁ち、仕立てます。

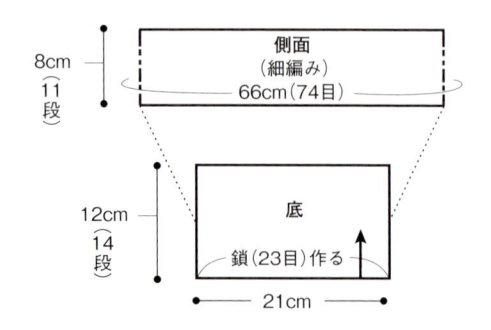

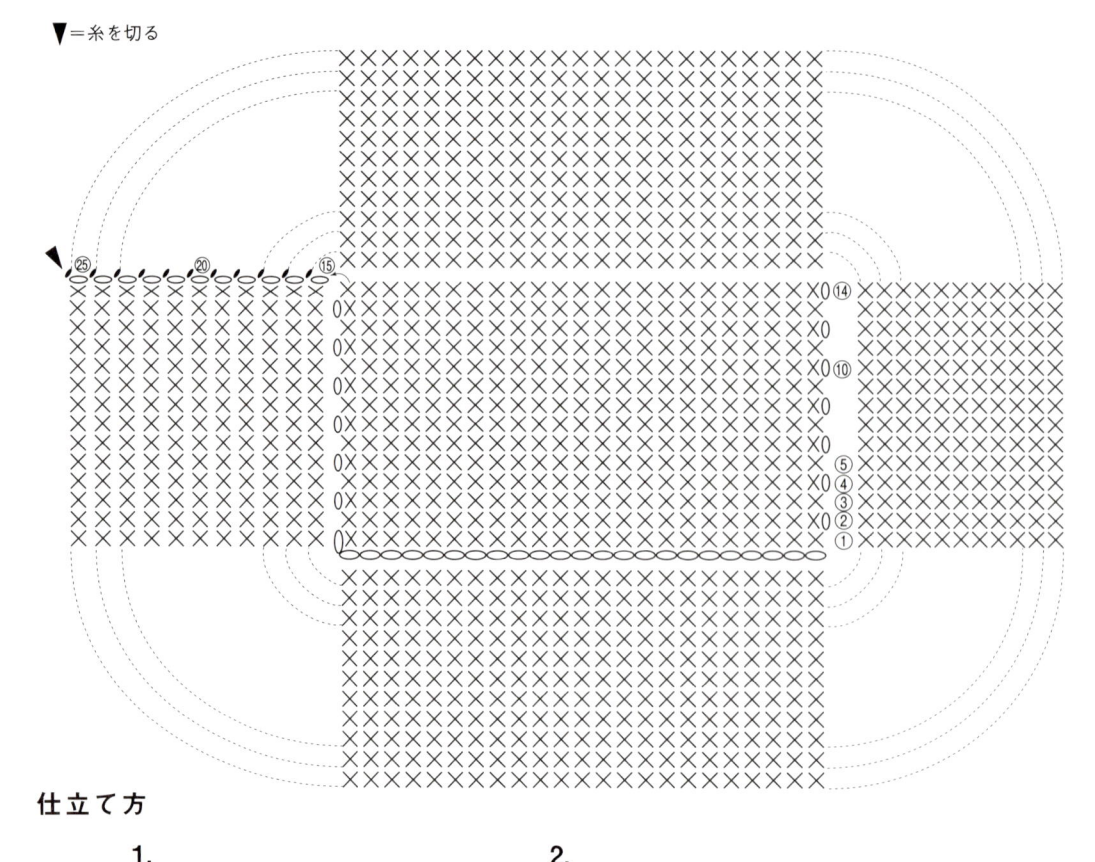

側面（細編み）　8cm（11段）　66cm（74目）

底　12cm（14段）　21cm　鎖（23目）作る

▼＝糸を切る

仕立て方

1. フタを2枚作る
裁ち切り
赤い糸で0.5cmのところをステッチする
フタ（表）

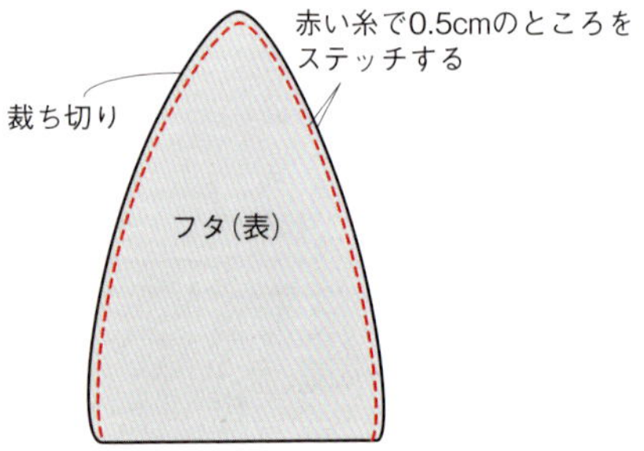

2. 本体にフタをまつり付ける。
1cm
片側にはレースをはさんでフタをまつり付ける
ボタンを付ける
レースの端を0.5cm折ってまつる

Sakiami komono

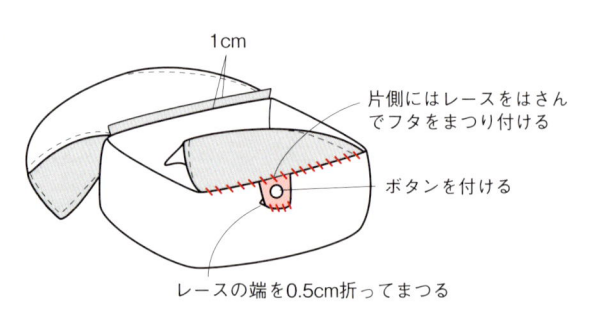

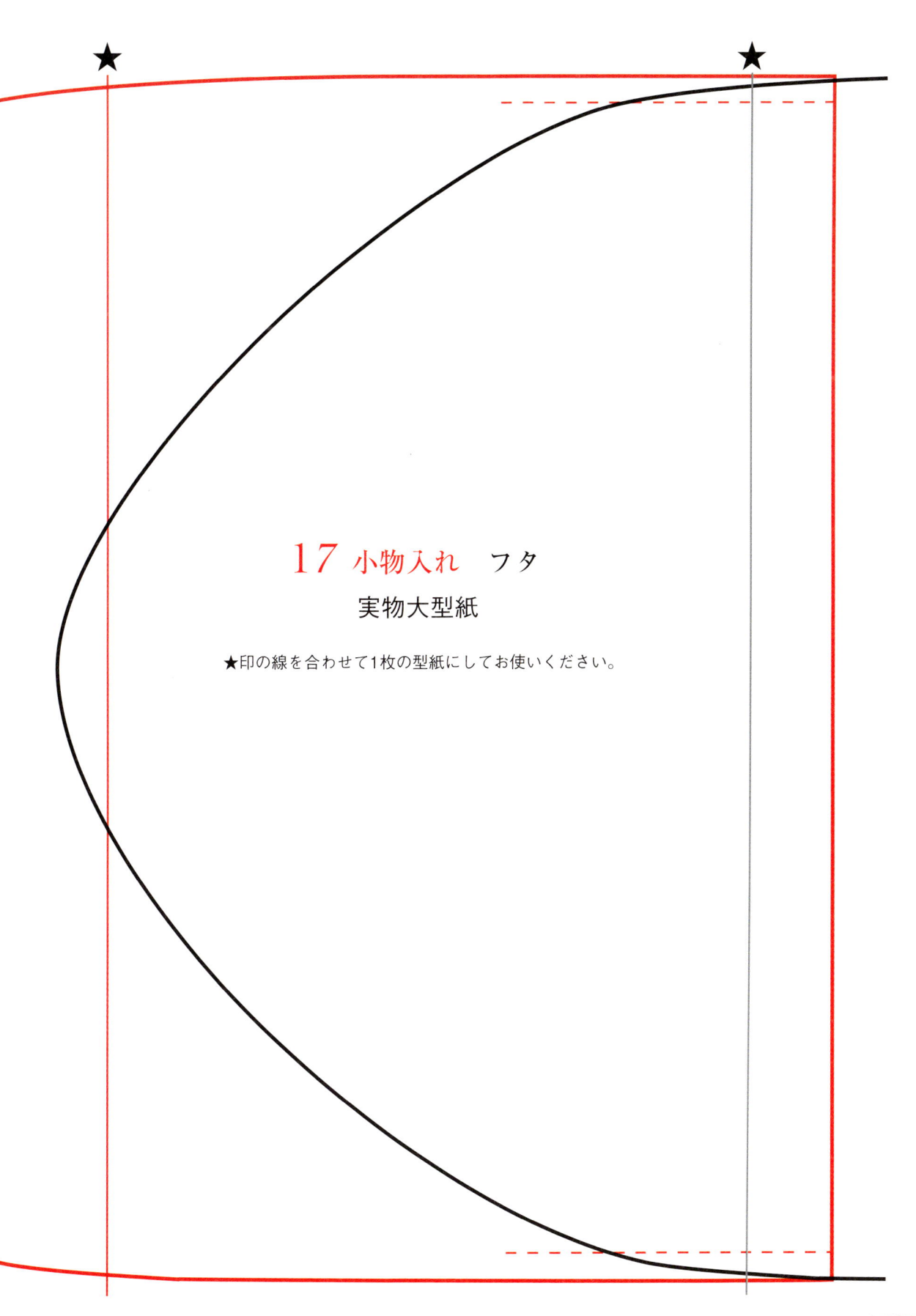

17 小物入れ　フタ
実物大型紙

★印の線を合わせて1枚の型紙にしてお使いください。

22 ぺたんこバッグ ❖作品=24page

用意するもの
綿布（カーキ）=110cm×170cm（本体用）
綿布（カーキ）=58cm×31cm（中袋用）
麻布（黒）=110cm×7cm（縁編み用）
麻布（黒）=50cm×7cm（持ち手用）
縫い糸＝カーキ
針＝かぎ針8/0号

でき上がり寸法
幅29cm×深さ30cm

作り方ポイント
1. 本体用、縁編み用の布を1cm幅に裂きます。
2. カーキの糸で鎖25目の作り目をし、細編みを編んでいきます。両端で3目の増し目をして作り目の両側から56目拾います。
3. 2段めからは増減目なしでぐるぐると27段編み、黒い糸で縁編みをします。
4. 中袋と持ち手を作り、本体に縫い付けます。

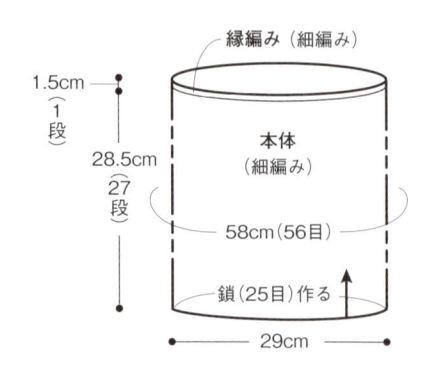

▼=糸を切る

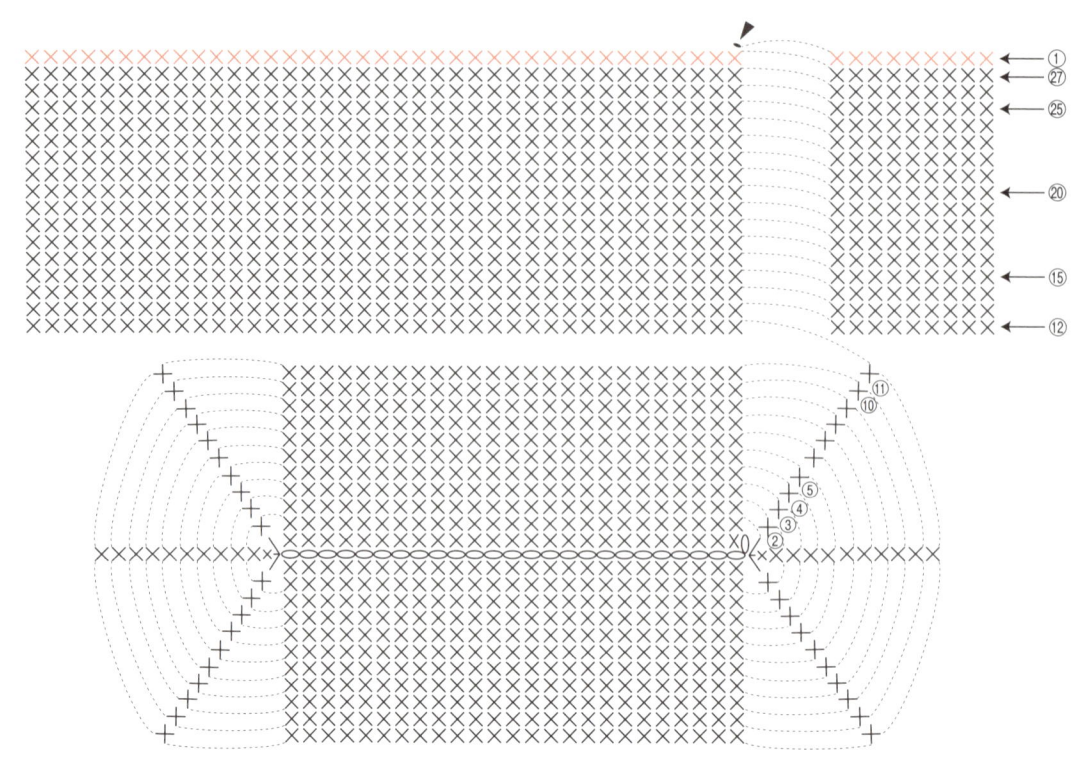

—— =カーキ
—— =黒

仕立て方

1. 布を2枚用意する。（25cm×7cm 黒布）

2. 中表に合わせて縫い、表に返す。（黒布（裏）、0.5cm）

3. 表側からステッチを5本かける。（3cm、黒布（表））

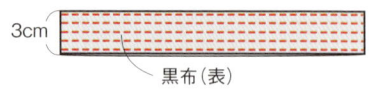

Sakiami komono

4.
中袋の布を中表に合わせ、両側1cmのところを縫う。

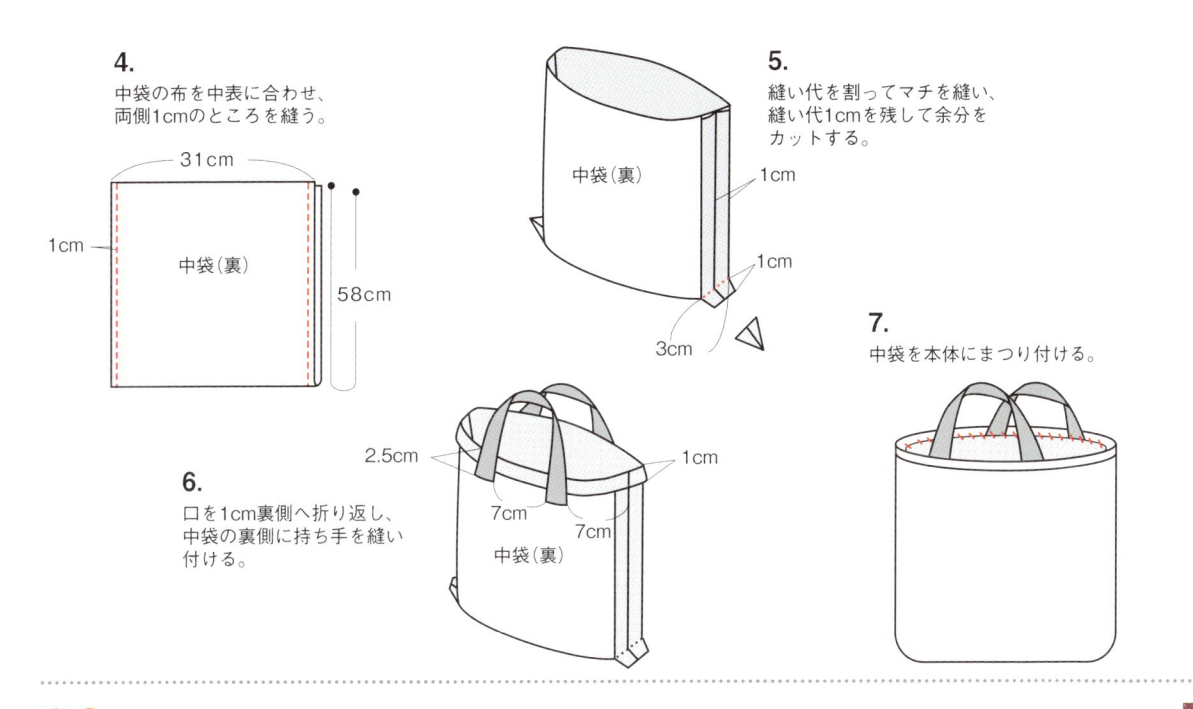

- 31cm
- 1cm
- 中袋(裏)
- 58cm

5.
縫い代を割ってマチを縫い、縫い代1cmを残して余分をカットする。

- 中袋(裏)
- 1cm
- 1cm
- 3cm

6.
口を1cm裏側へ折り返し、中袋の裏側に持ち手を縫い付ける。

- 2.5cm
- 1cm
- 7cm
- 7cm
- 中袋(裏)

7.
中袋を本体にまつり付ける。

18 小物入れ ✻作品=19page

用意するもの
赤系
綿布(赤系チェック)=110cm×15cm
糸=ダルマ手編み糸(横田)
カフェ黄麻の糸(2)ベージュ 4g

紺系
綿布(紺系チェック)=110cm×15cm
糸=ダルマ手編み糸(横田)
カフェ黄麻の糸(1)生成り 4g
針=かぎ針8/0号

でき上がり寸法
直径7.5cm×高さ5cm

作り方ポイント
1 それぞれの布を1cm幅に裂きます。
2 輪の作り目をし、図のように糸をかえながら細編みで7段編みます。
3 続けてループを編みます。

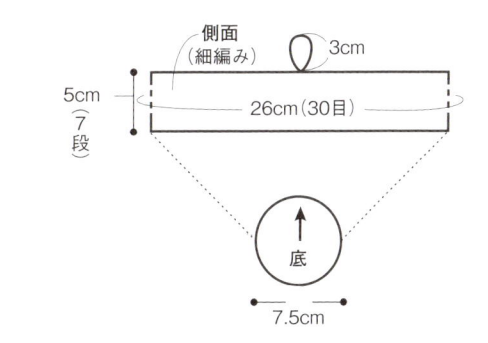

- 側面(細編み) 3cm
- 5cm (7段)
- 26cm(30目)
- 底
- 7.5cm

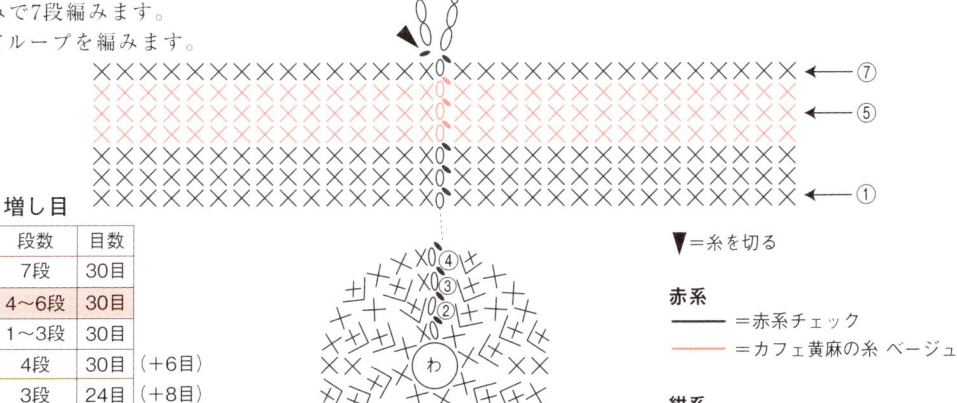

▼=糸を切る

赤系
― =赤系チェック
― =カフェ黄麻の糸 ベージュ

紺系
― =紺系チェック
― =カフェ黄麻の糸 生成り

増し目

	段数	目数	
側面	7段	30目	
	4〜6段	30目	
	1〜3段	30目	
底	4段	30目	(+6目)
	3段	24目	(+8目)
	2段	16目	(+8目)
	1段	8目	

19 スリッパ ❖作品＝20page

用意するもの
子供用
綿布（黒チェック）＝110cm×35cm
麻布（黒）＝110cm×55cm
大人用
綿布（黒チェック）＝110cm×65cm
麻布（黒）＝110cm×95cm
針＝かぎ針8/0号

でき上がり寸法
図参照

作り方ポイント
1 それぞれの布を1cm幅に裂きます。
2 黒チェックの糸で甲を編みます。鎖の作り目をし、図のように細編みで指定の段数を編みます。
3 黒い糸で底を編みます。3段めの指定の位置まできたら甲を重ね、2枚一緒に針を入れて編みながらつないでいきます。

＊底が薄い場合は、市販の室内履き用フェルト底やレザー底を付けてください。

子供用

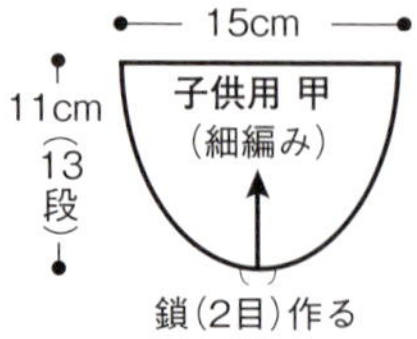

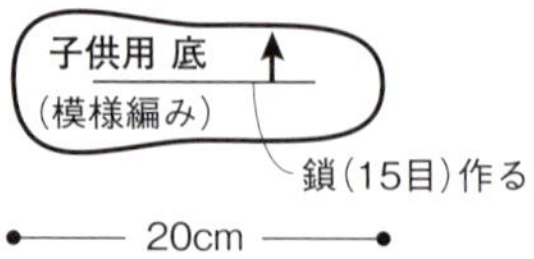

子供用 甲（細編み） 15cm × 11cm（13段）
鎖(2目)作る

子供用 底（模様編み）
鎖(15目)作る
20cm

▼＝糸を切る

━━＝黒
━━＝黒チェック

●＝拾い目位置

甲の増し目

段数	目数	
12〜13段	15目	
11段	15目	(−3目)
10段	18目	
9段	18目	(+2目)
8段	16目	(+2目)
7段	14目	(+2目)
6段	12目	(+2目)
5段	10目	(+2目)
4段	8目	(+2目)
3段	6目	(+2目)
2段	4目	(+2目)
1段	2目	

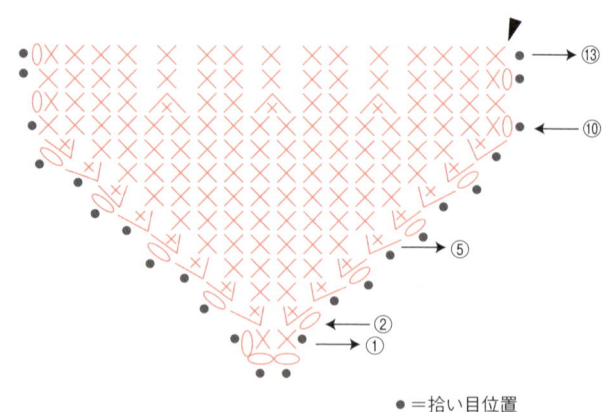

底の増し目

段数	目数	
3段	42目	
2段	42目	(+6目)
1段	36目	

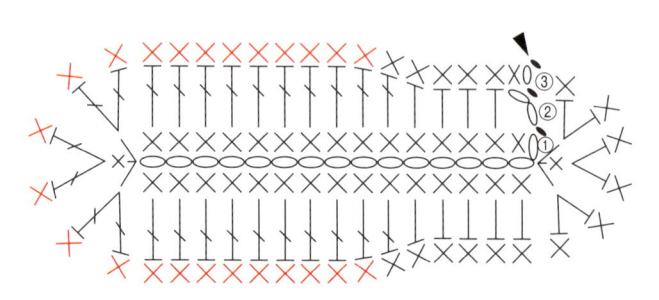

━━＝甲の●位置と重ねて編む

Sakiami komono

大人用

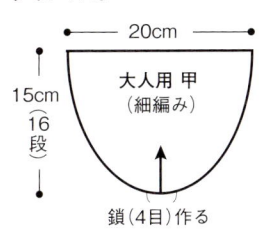

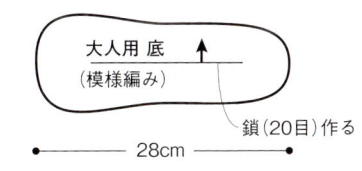

- 20cm
- 15cm（16段）
- 大人用 甲（細編み）
- 鎖（4目）作る
- 大人用 底（模様編み）
- 鎖（20目）作る
- 28cm

甲の増し目

段数	目数	
15～16段	21目	
14段	21目	(−3目)
12～13段	24目	
11段	24目	(+2目)
10段	22目	(+2目)
9段	20目	(+2目)
8段	18目	(+2目)
7段	16目	(+2目)
6段	14目	(+2目)
5段	12目	(+2目)
4段	10目	(+2目)
3段	8目	(+2目)
2段	6目	(+2目)
1段	4目	

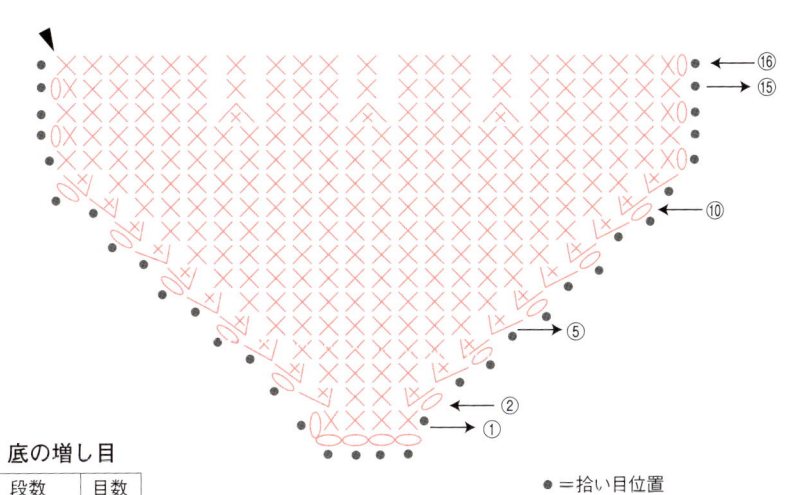

● =拾い目位置

底の増し目

段数	目数	
3段	58目	
2段	58目	(+9目)
1段	49目	

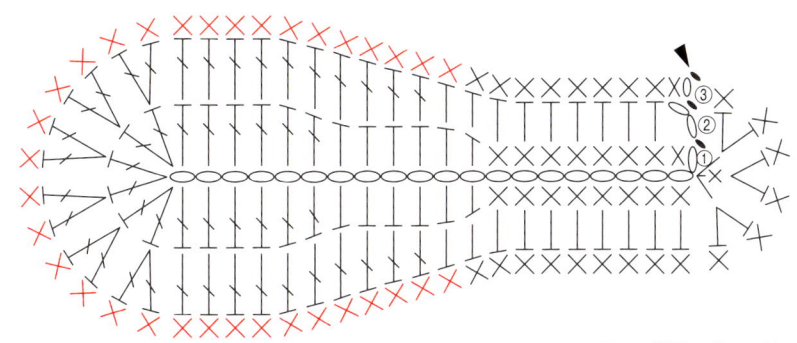

── =甲の●位置と重ねて編む

21 ポシェット ❋作品=23page

用意するもの
綿布（ブルーストライプ）＝110cm×70cm（フタ用）
綿布（ブルーストライプ）＝110cm×60cm（中袋、持ち手用）
綿布（白）＝110cm×60cm（外袋、ポケット、持ち手用）
直径1.8cmのボタン 1個
針＝かぎ針8/0号

でき上がり寸法
幅22cm×深さ26cm

作り方ポイント
1　フタ用の布を1cm幅に裂きます。
2　鎖21目の作り目をして図のように細編みで16段編みます。
3　ポシェットを仕立てて、フタを付けます。
4　ボタンを付けます。

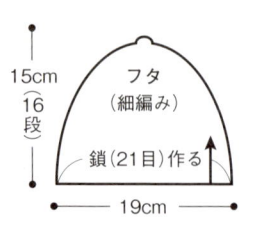

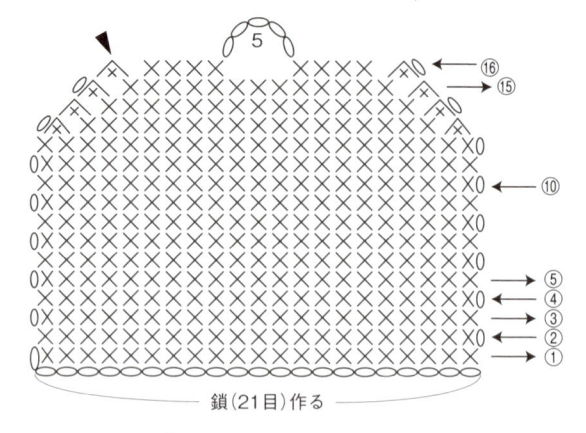

仕立て方

1. 外袋、中袋とポケットの布を用意する。

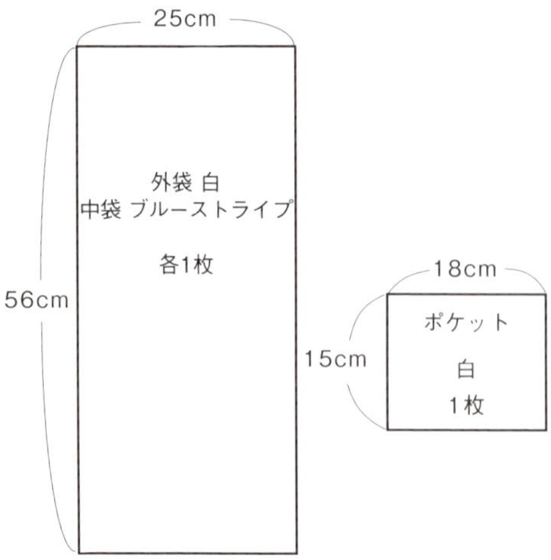

2. ポケットを中袋に縫い付ける。

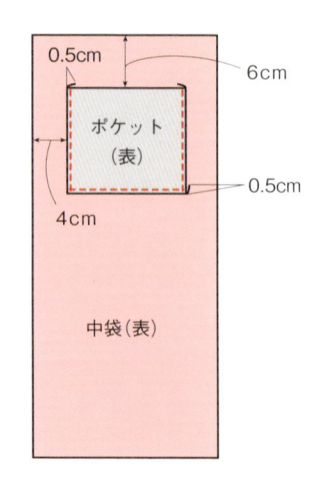

3. 外袋、中袋ともそれぞれ中表に合わせて脇を縫う。

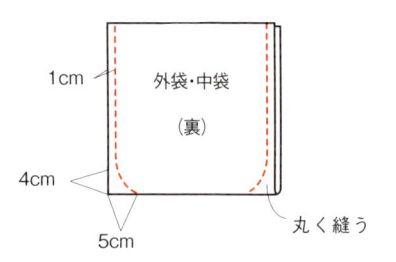

4. 底の丸みに合わせて縫い代1cmを残して余分をカットする。縫い代は割っておく。

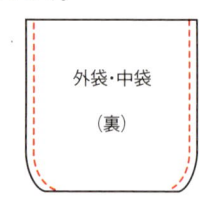

5.
持ち手の布を用意する。

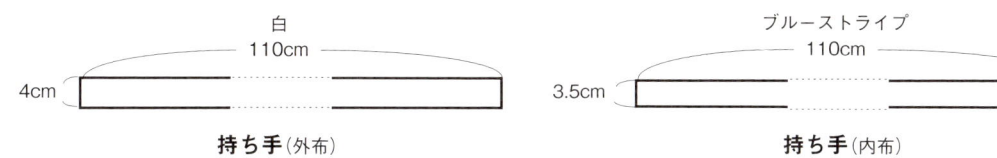

白
110cm
4cm

持ち手(外布)

ブルーストライプ
110cm
3.5cm

持ち手(内布)

6.
図のように裏側へ折り返す。

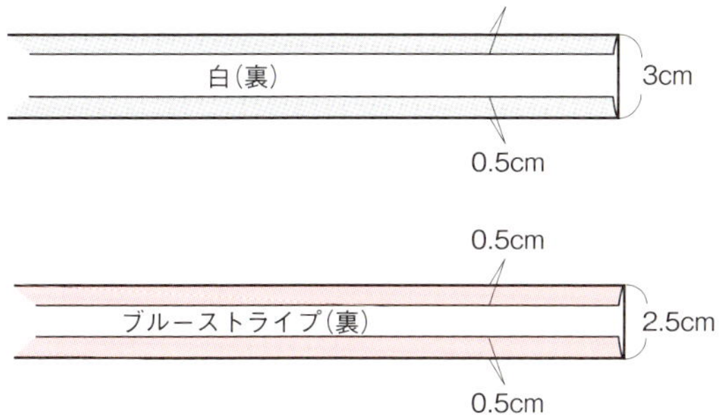

0.5cm
白(裏)
3cm
0.5cm

0.5cm
ブルーストライプ(裏)
2.5cm
0.5cm

7.
外表に合わせて両側を縫う。

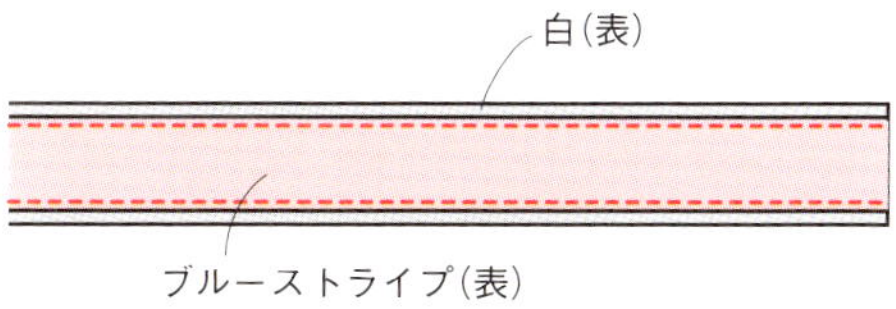

白(表)
ブルーストライプ(表)

8.
持ち手を外袋に仮止めする。

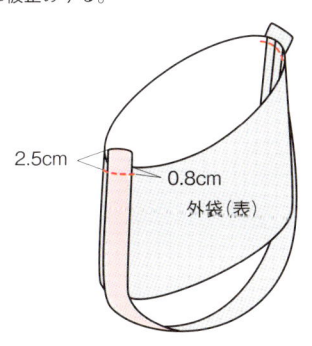

2.5cm
0.8cm
外袋(表)

9.
外袋と中袋を中表に合わせ、返し口を残して口部分を縫う。

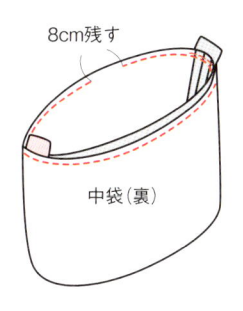

8cm残す
中袋(裏)

10.
返し口から表に返し、口のきわをぐるりと一周縫う。

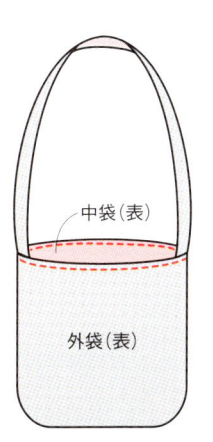

中袋(表)
外袋(表)

11.
本体にフタをまつり付ける。

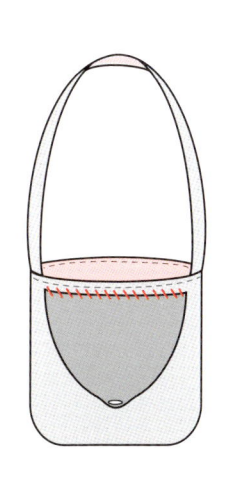

12.
フタのループ位置に合わせてボタンを縫い付ける。

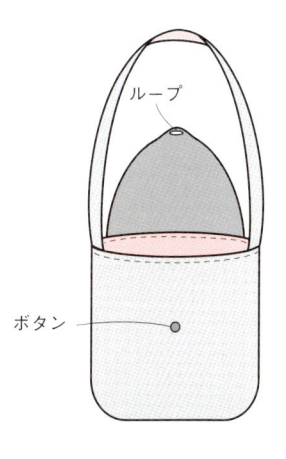

ループ
ボタン

23 バネ式ポーチ ❖作品=25page

用意するもの
Wガーゼ(黒)=113cm×25cm(底用)
綿布(花柄)=42cm×8cm(外袋用)
綿布(黒ギンガム)=42cm×5cm(外袋用)
綿布(ピンクストライプ)=42cm×17cm(中袋用)
片面接着キルト綿=42cm×17cm
縫い糸=黒
12cmのバネ口(金色)=1個
針=かぎ針5/0号

でき上がり寸法
幅15cm×深さ15cm

作り方ポイント
1 底用の布を1cm幅に裂きます。
2 鎖6目の作り目をし、図のように両側から目を拾ってぐるぐると9段編みます。
3 外袋を作り、底をまつり付けます。
4 中袋を作り、外袋と合わせます。
5 バネ口を付けます。

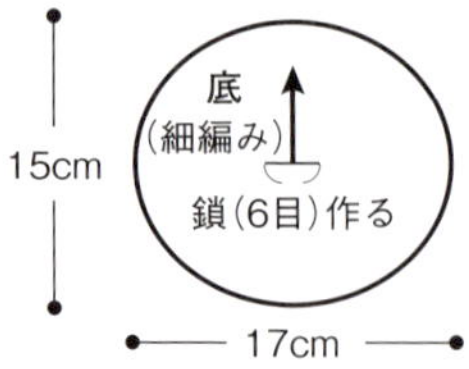

底(細編み) 鎖(6目)作る
15cm × 17cm

▼=糸を切る

増し目

段数	目数	
9段	50目	(+6目)
8段	44目	
7段	44目	(+6目)
6段	38目	
5段	38目	(+6目)
4段	32目	(+6目)
3段	26目	(+6目)
2段	20目	(+6目)
1段	14目	

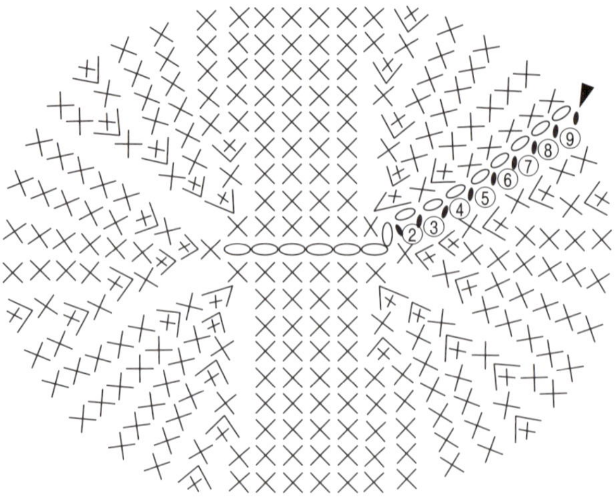

仕立て方

1. 外袋用の布をそれぞれ2枚ずつ用意する。
- 21cm × 8cm 花柄 2枚
- 21cm × 5cm 黒ギンガム 2枚

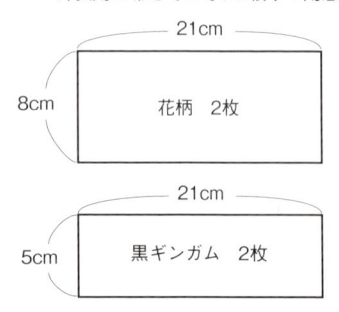

2. 中表に合わせて縫う。
1cm / 黒ギンガム(裏) / 花柄(表)

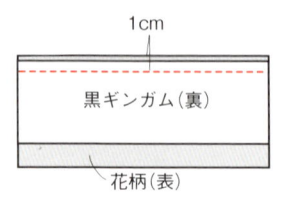

3. 縫い代を上側に倒して表から縫い目のきわにステッチをかける。同じものをもう1組作る。
花柄(表) / 黒ギンガム(表)

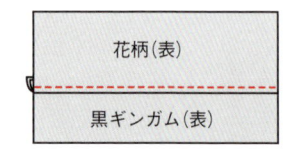

4. 外袋2枚を中表に合わせ、バネ口入れを残して両側を縫う。
1cm / 花柄(裏) / 黒ギンガム(裏) / 1.8cmあける / 1cm

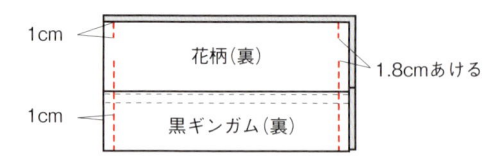

5.
外袋を表に返し、底に
まつり付ける。

外袋(表)
底(表)
外袋の縫い代を裏側に
1cm折り返す
まつる

6.
中袋用の布の裏面に片面接着
キルト綿を貼る。

21cm
17cm
ピンクストライプ
キルト綿
各2枚

7.
中袋布2枚を中表に合わせ、
バネ口入れを残して縫う。

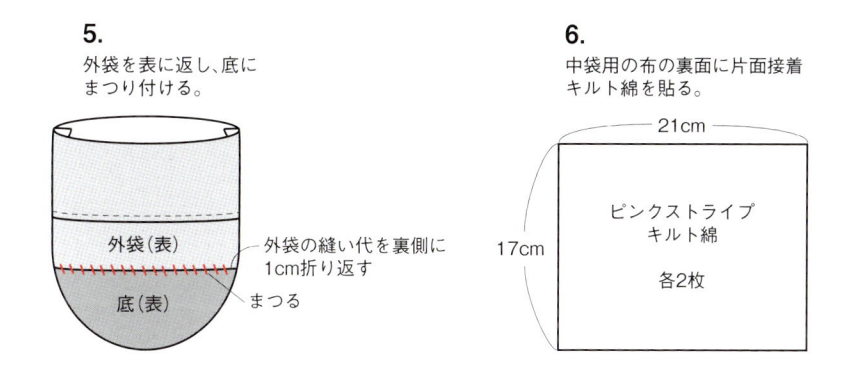

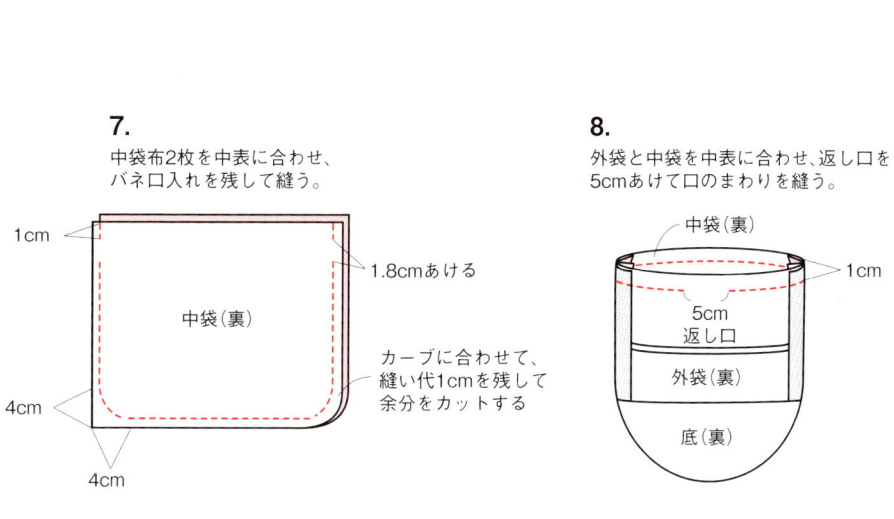

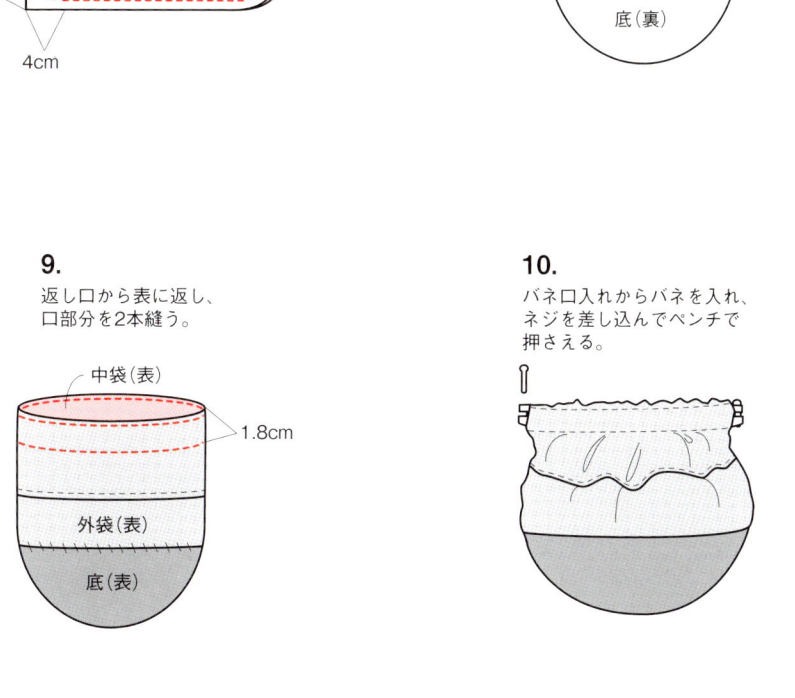

1cm
中袋(裏)
1.8cmあける
カーブに合わせて、
縫い代1cmを残して
余分をカットする
4cm
4cm

8.
外袋と中袋を中表に合わせ、返し口を
5cmあけて口のまわりを縫う。

中袋(裏)
1cm
5cm
返し口
外袋(裏)
底(裏)

9.
返し口から表に返し、
口部分を2本縫う。

中袋(表)
1.8cm
外袋(表)
底(表)

10.
バネ口入れからバネを入れ、
ネジを差し込んでペンチで
押さえる。

24 コサージュ　❊作品=26page　型紙=64、65page

用意するもの

リネン（ナチュラル）
12cm×24cm（花びら 中2枚）
6.5cm×6.5cm（花びら 小1枚）
5cm×5cm（土台布用）
100cm×0.5cm（飾りひも用）
16cm×1cm（飾りリボン用）

リネン（白）
13cm×13cm（花びら 大1枚）
100cm×0.5cm（飾りひも用）
16cm×1cm（飾りリボン用）

リネン（杢ベージュ）
13cm×13cm（花びら 大1枚）
100cm×0.5cm（飾りひも用）
16cm×1cm（飾りリボン用）

Wガーゼ（白）
12cm×12cm（花びら 中1枚）
6.5cm×6.5cm（花びら 小1枚）
100cm×0.5cm（飾りひも用）
16cm×1cm（飾りリボン用）
縫い糸＝ベージュ
直径1.5cmの木製ボタン＝1個
2.5cmのブローチピン＝1個
針＝かぎ針5/0号

でき上がり寸法
図参照

作り方ポイント
1　それぞれの布を0.5cm幅に裂きます。
2　鎖35目の飾りひもを4本編みます。
3　各花びらをカットします。
4　花びらをバランスよく重ねて仕上げます。

飾りひも　▼=糸を切る
16cm 鎖(35目)

仕立て方

1. 花びら7枚を順番に重ね、中心の穴から0.5cmのところをぐし縫いしてギャザーをよせる。

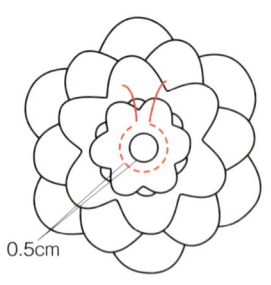

0.5cm

2. 表側にボタンを付け、その糸で裏側に飾りひも4本と飾りリボン4本を縫い付ける。

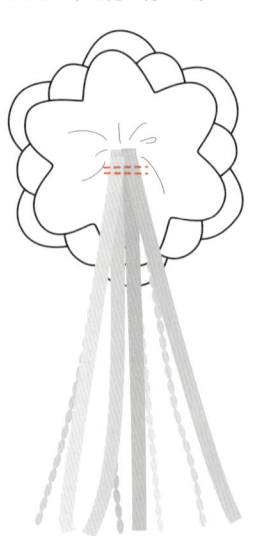

花びらを重ねる順番

上	7枚め	Wガーゼ(小)
	6枚め	ナチュラル(小)
	5枚め	Wガーゼ(中)
	4枚め	杢ベージュ(大)
	3枚め	ナチュラル(中)
	2枚め	白(大)
下	1枚め	ナチュラル(中)

3. 裏側に土台布を重ね、針先で縫い代を0.5cm折り込みながら花びらにまつり付ける。さらにブローチピンを縫い付ける。

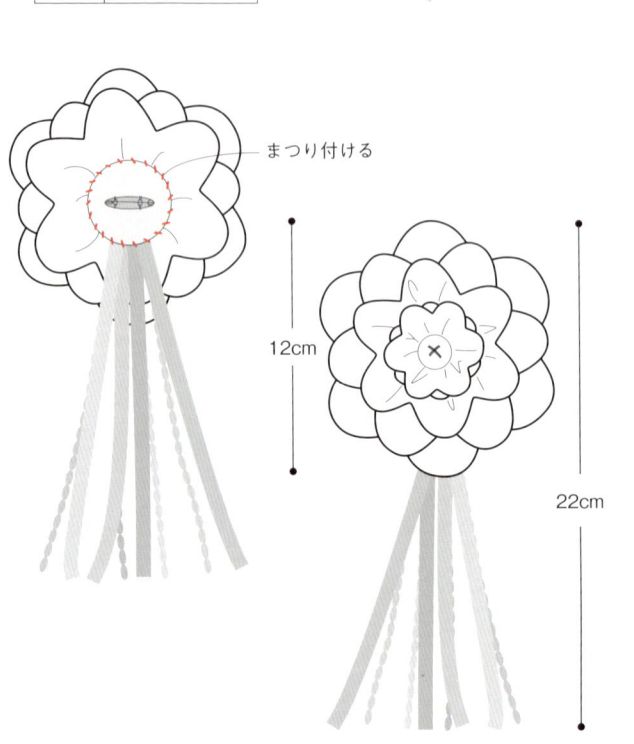

まつり付ける

12cm

22cm

24 コサージュ
土台　実物大型紙
★縫い代0.5cmを含んでいます。
1枚

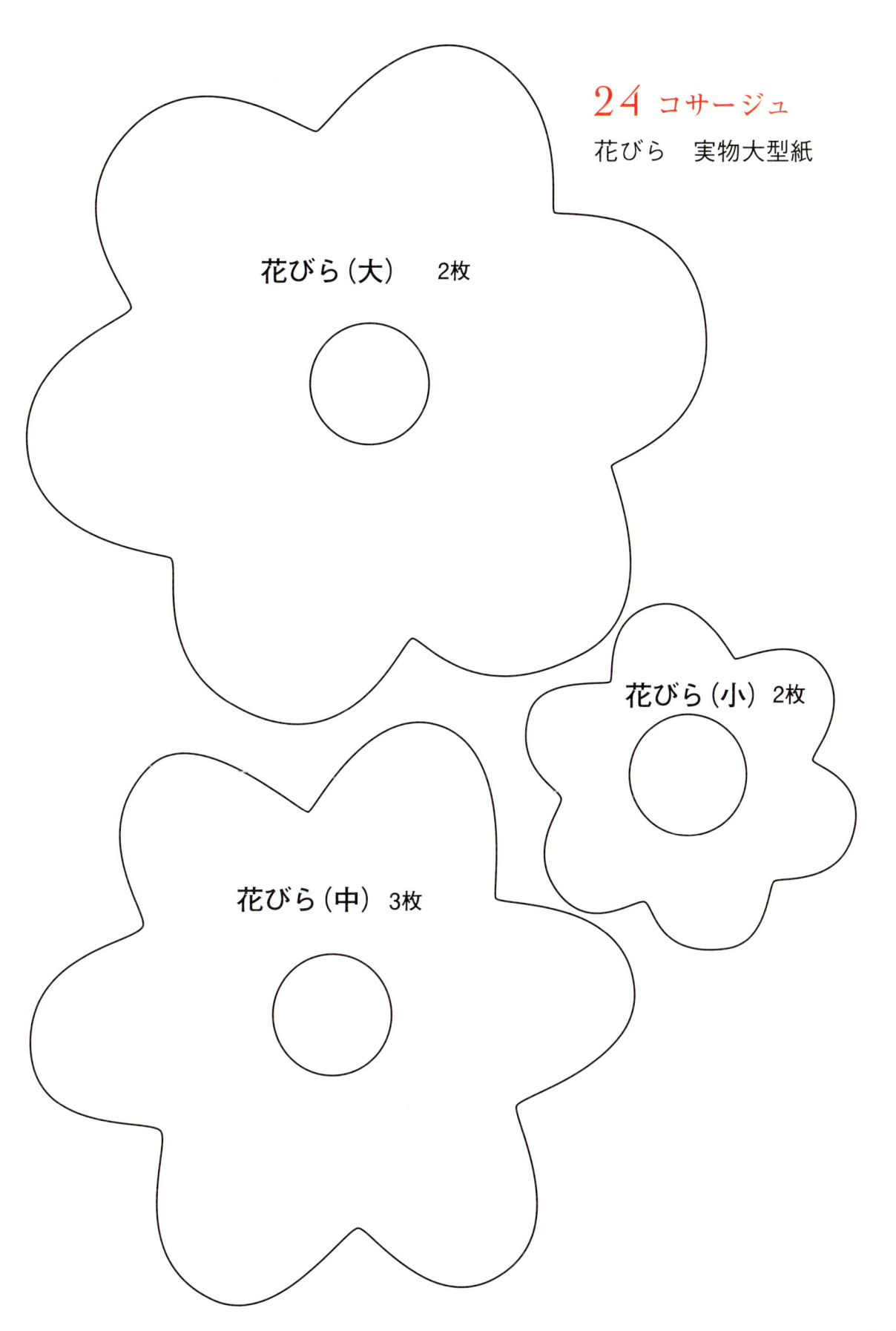

24 コサージュ
花びら　実物大型紙

花びら（大）　2枚

花びら（小）2枚

花びら（中）3枚

25 巾着袋 ❋作品=27page

用意するもの
綿布（生成り）=87cm×100cm（本体用）
綿布（花柄）=30cm×30cm（外袋用）
綿布（うす茶）=30cm×30cm（中袋用）
片側接着キルト綿=30cm×30cm
1.5cm幅のリボン=65cm×2本
針=かぎ針ジャンボ10mm

でき上がり寸法
幅28cm×深さ28cm×マチ4.5cm

作り方ポイント
1. 本体用の布を1cm幅に裂きます。
2. 鎖49目の作り目をし、図のように16段編みます。
3. 端を引き抜き編みでとじて輪にします。
4. 布の袋部分を仕立てます。
5. 袋の外袋と本体を縫い合わせます。
6. 袋の中袋をまつり付けます。
7. 長編みの方眼編みにリボンを通して端を結びます。

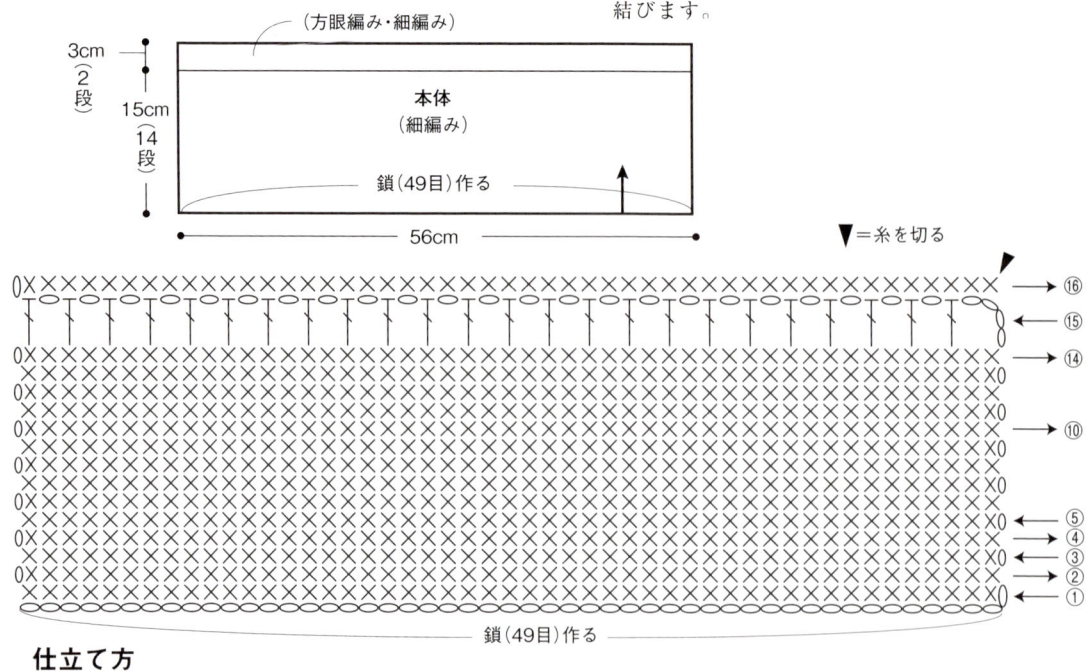

仕立て方

1. 外袋、中袋の布を用意する。外袋（花柄）の布の裏面には片面接着キルト綿を貼っておく。

2. 外袋、中袋ともそれぞれ中表に合わせて脇を縫う。

3. 縫い代を割ってマチを縫い、縫い代1cmを残して余分をカットする。

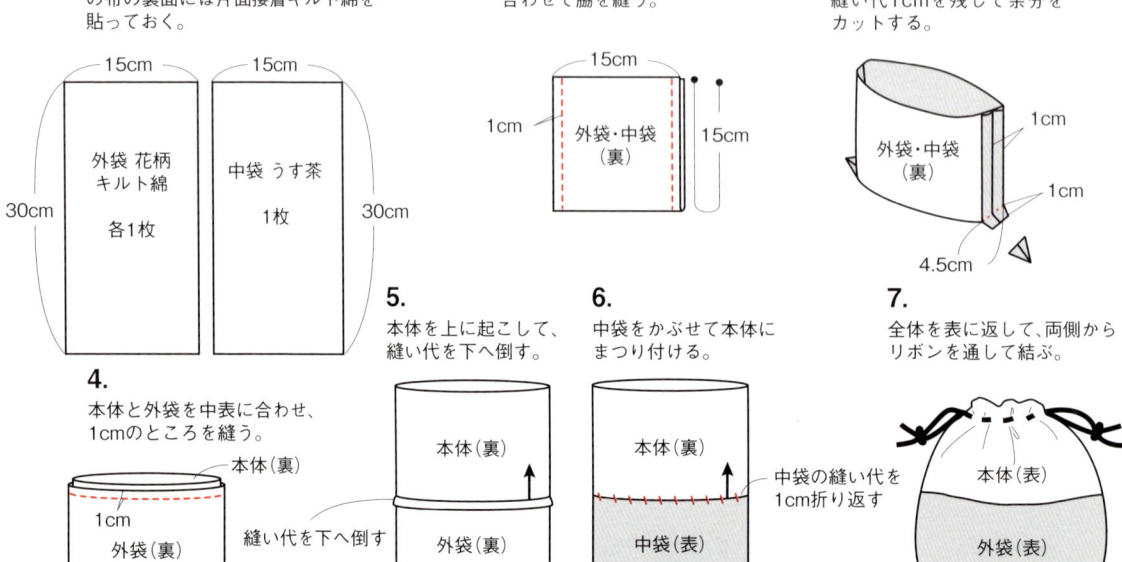

4. 本体と外袋を中表に合わせ、1cmのところを縫う。

5. 本体を上に起こして、縫い代を下へ倒す。

6. 中袋をかぶせて本体にまつり付ける。

7. 全体を表に返して、両側からリボンを通して結ぶ。

28 カゴ ✤作品=30page

用意するもの
綿布(緑)＝87cm×130cm(カバー用)
綿布(緑)＝87cm×1cm(葉っぱ用)
ガーゼ(チェック)＝114cm×2cm(葉っぱ用)
ガーゼ(チェック)＝114cm×1cm(持ち手用)
3cm幅の綿レース＝30cm
1.5cm幅の革テープ＝13.5cm
0.5cm幅の革テープ＝20cm
直径1.5cmの木製ボタン＝1個
縫い糸＝こげ茶
ボンド
針＝かぎ針10/0号

でき上がり寸法
カバー：縦17cm×横28cm
葉っぱ：図参照

作り方ポイント
1 カバー用の緑の布は1.3cm、持ち手用のチェックの布は1cm、葉っぱ用は緑とチェックの布をそれぞれ0.5cmに裂きます。
2 カバー用の緑の糸で鎖32目の作り目をし、図のように19段編んでカバーを作ります。
3 カバーにレースの飾りと1.5cm幅の革テープ、ボタンを縫い付けます。
4 チェックの糸を持ち手に巻き付け、ボンドで止めます。
5 緑とチェックの糸で葉っぱを1枚ずつ編みます。
6 葉っぱの外側の鎖目(★)に0.5cmの革テープを通し、カゴの持ち手に結びます。

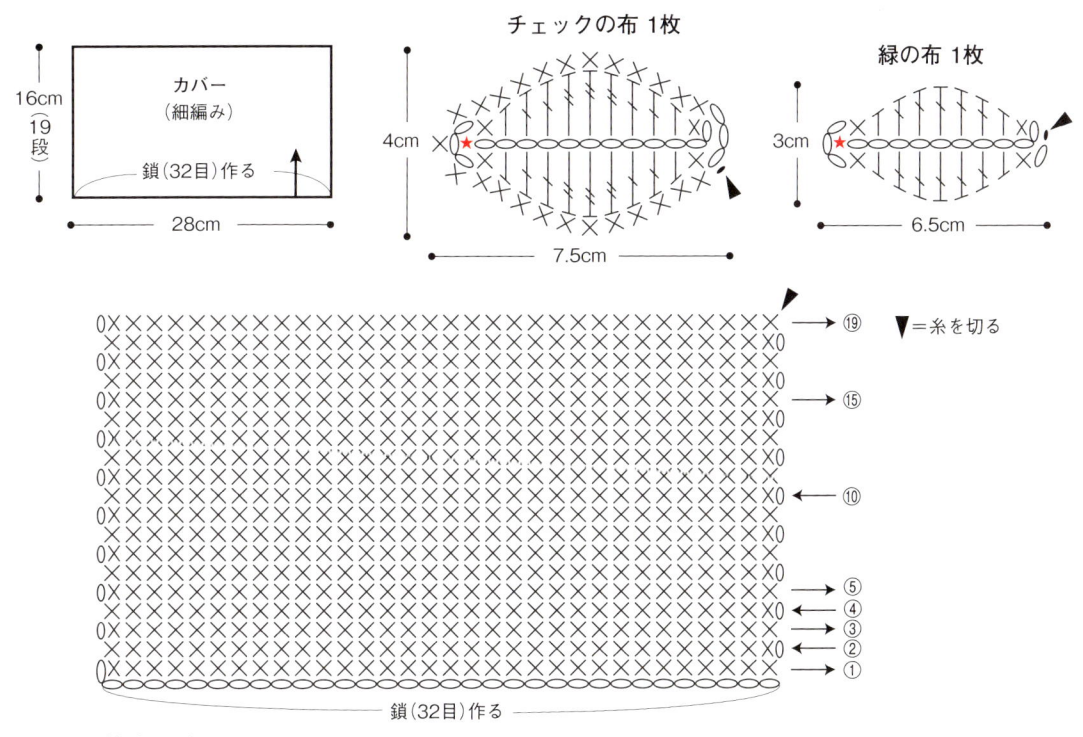

仕立て方

1. 革テープに切り込みを入れる。

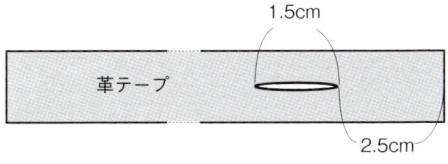

2. レースの両端を三つ折りにしてまつる。

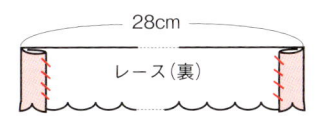

3. カバーに革テープ、ボタン、レースを付ける。
カバーの上にレースをのせてまつり付ける

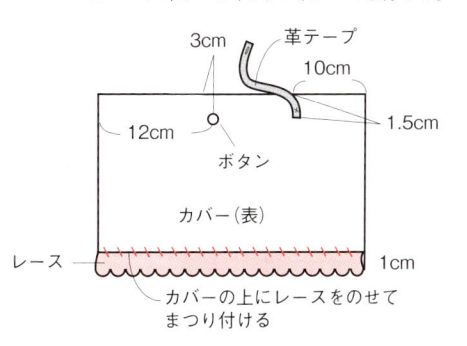

26 バッグ ❖作品=28page

用意するもの
綿布（ドット紺）=110cm×86cm
糸＝ダルマ手編み糸（横田）
カフェ黄麻の糸(2)ベージュ 25g
1.5cm幅の革テープ＝40cm×2本
縫い糸＝こげ茶
針＝かぎ針9/0号

でき上がり寸法
図参照

作り方ポイント
1. 布を1cm幅に裂きます。
2. 輪の作り目をし、図のように長編みで底を5段、側面を6段編み、糸は切らずに残しておきます。
3. 細編みの1段めはすじ編みで編みます。
4. 2段め以降は印（　　）の付いている位置でドット紺の糸を表に出して編みます。
5. 革テープの持ち手を縫い付けます。

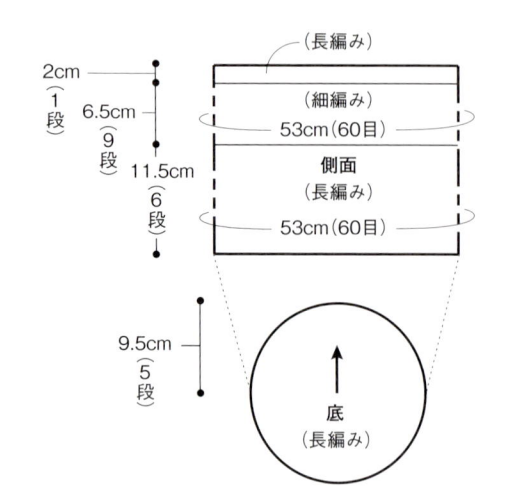

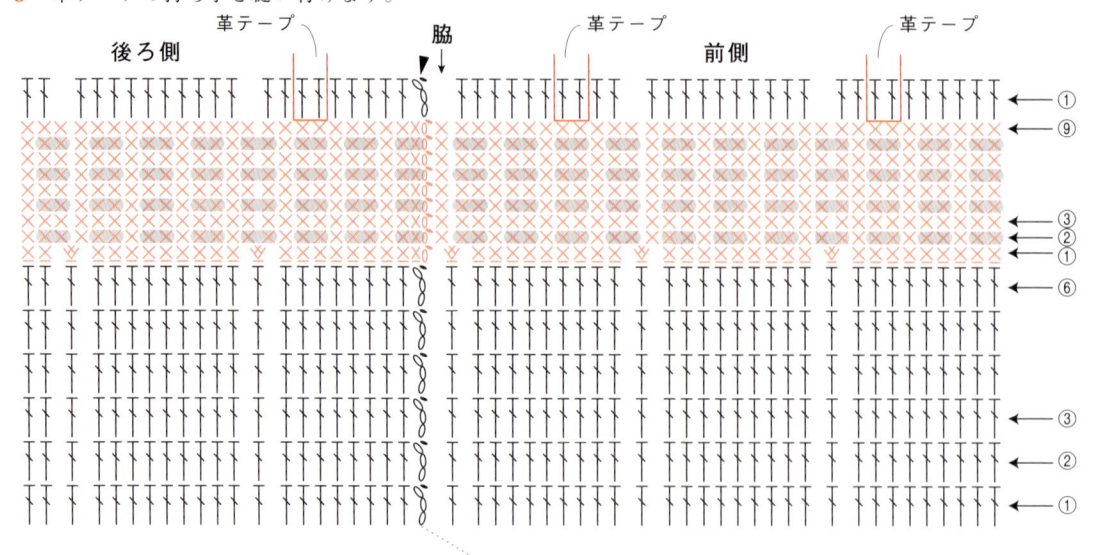

―＝ドット紺
―＝カフェ黄麻の糸
▼＝糸を切る
×＝ドット紺の糸を編みくるみながら黄麻の糸で編む
▨＝ドット紺の糸を表に出す
×＝ドット紺の糸を編みくるみながら黄麻の糸ですじ編み

増し目

	段数	目数	
縁	1段	60目	(-6目)
側面（細編み）	2〜9段	66目	
（すじ編み）	1段	66目	(+6目)
側面（長編み）	2〜6段	60目	
	1段	60目	
底	5段	60目	(+12目)
	4段	48目	(+12目)
	3段	36目	(+12目)
	2段	24目	(+12目)
	1段	12目	

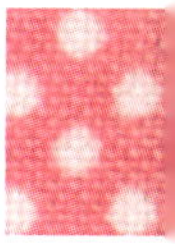

27 携帯電話ケース ❖作品=29page

用意するもの
綿布(ドットピンク)=110cm×10cm
糸=ダルマ手編み糸(横田)
カフェ黄麻の糸(1)生成り 9g
Dカン付きストラップ=1組
針=かぎ針9/0号

でき上がり寸法
図参照

作り方ポイント
1. 布を1cm幅に裂きます。
2. 輪の作り目をし、図のように長編みで3段編み、糸は切らずに残しておきます。
3. 細編みの1段めはすじ編みで編みます。
4. 2段め以降は印(●)の付いている位置でドットピンクの糸を表に出して編みます。
5. Dカンとストラップを付けます。

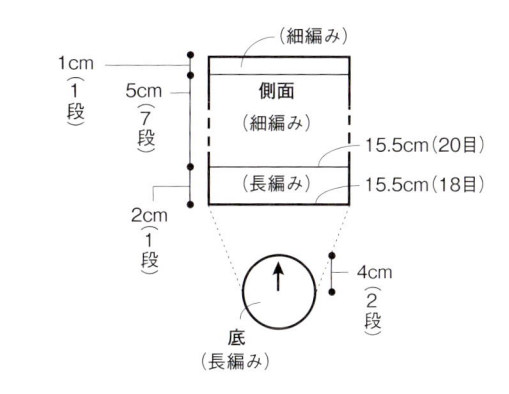

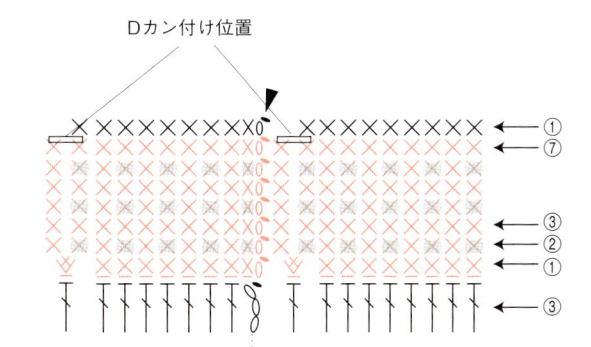

増し目

	段数	目数	
縁	1段	18目	(-2目)
側面(細編み)	2~7段	20目	
(すじ編み)	1段	20目	(+2目)
底・側面(長編み)	3段	18目	(+6目)
	2段	18目	
	1段	12目	

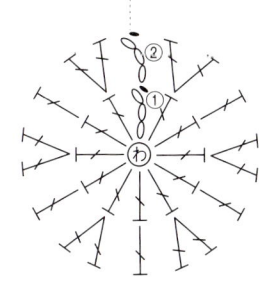

▼=糸を切る

× =ドットピンクの糸を編みくるみながら黄麻の糸で編む

※ =ドットピンクの糸を表に出す

× =ドットピンクの糸を編みくるみながら黄麻の糸ですじ編み

─── =ドットピンク
─── =カフェ黄麻の糸

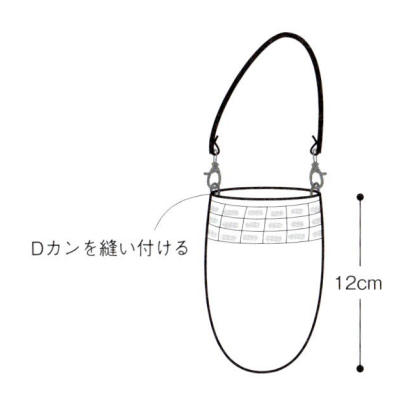

細編みのすじ編み
前段の目の向こう側半目に針を入れて細編みを編んでいく。

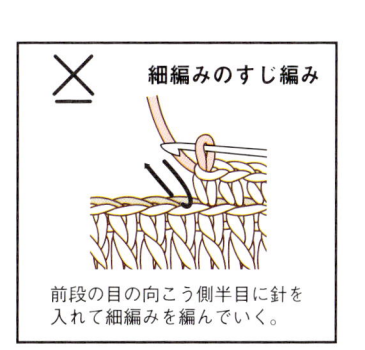

29 巾着ポーチ ✿作品=32page

用意するもの
綿布（ブラックウォッチ）=110cm×8cm（底用）
綿布（ブラックウォッチ）=16cm×26cm×2枚（巾着用）
2cm幅の綿テープ=15cm×2本
0.2cm幅のひも=48cm×2本
2cm幅のレース=4cm
縫い糸=黒
針=かぎ針8/0号

でき上がり寸法
図参照

作り方ポイント
1. 底用の布を1cm幅に裂きます。
2. 鎖11目の作り目をし、図のように両側から目を拾ってぐるぐると編みます。
3. 巾着を仕立てます。
4. 巾着に底をまつり付けます。

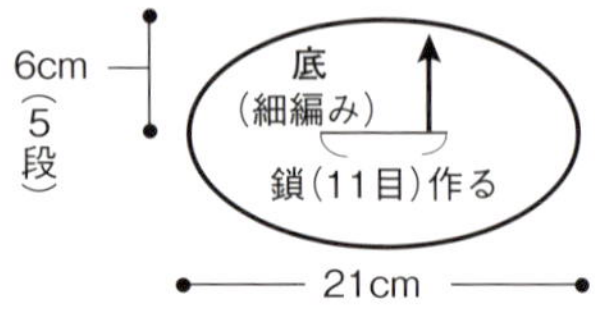

底（細編み）
鎖（11目）作る
6cm（5段）
21cm

▼=糸を切る

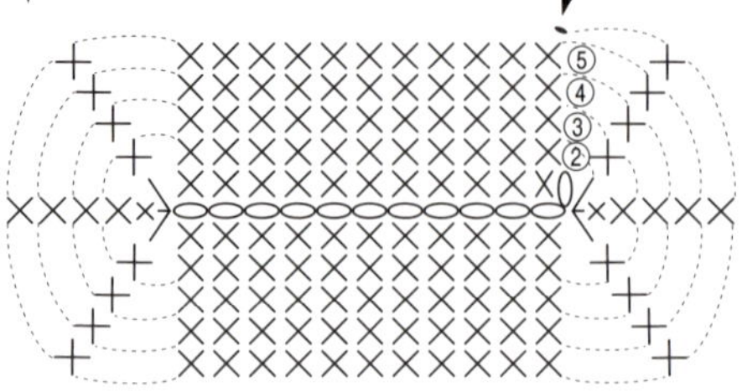

仕立て方

1. 巾着の布を2枚用意し、まわりにジグザグミシンをかける。
16cm
ブラックウォッチ 2枚
26cm

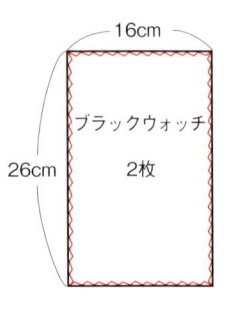

2. 中表に合わせて口を5.5cm折り返し、ひも通し穴を開けて左右と底を縫う。
2.5cm縫う
1.5cmあける
5.5cm
1cm
15cm
（裏）
0.5cm

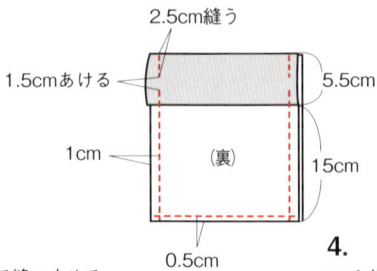

3. 脇の縫い代を割って縫い止める。
内側へ三角に折る
0.5cm
ひも通し穴

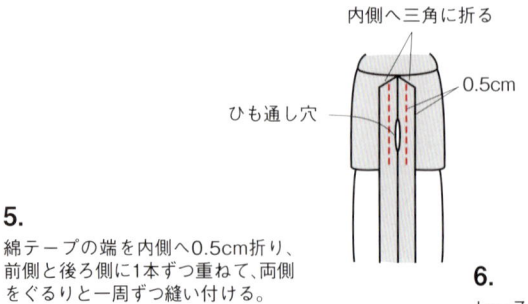

4. マチを縫い、余分をカットする。
（裏）
1cm
0.5cm
3cm

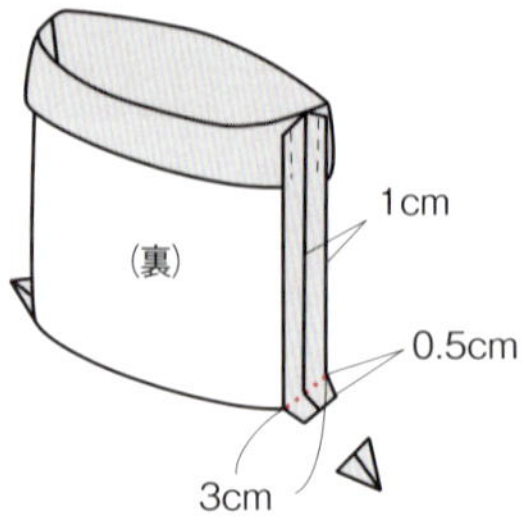

5. 綿テープの端を内側へ0.5cm折り、前側と後ろ側に1本ずつ重ねて、両側をぐるりと一周ずつ縫い付ける。
内側へ0.5cm折り返す
綿テープ　綿テープ
前側　後ろ側

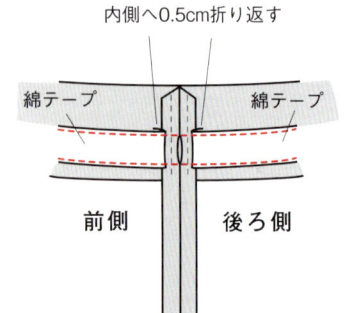

6. レースを半分に折って前側にはさみ、巾着に底を重ねてまつり付ける。
両側からひもを通して端を結ぶ。
21cm
前側
1.5cm
レース
14cm

Sakiami komono

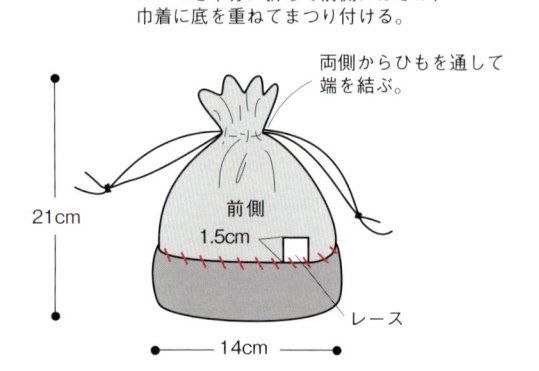

30 通帳ケース ✽作品＝33page

用意するもの
ボイルガーゼ（小鳥）＝110cm×50cm（本体用）
ボイルガーゼ（小鳥）＝18.5cm×46cm（中袋用）
0.4cm幅の革ひも＝50cm
針＝かぎ針9/0号

でき上がり寸法
縦26cm（折りたたみ時11cm）×横17cm

作り方ポイント
1　本体用の布を1cm幅に裂きます。
2　鎖20目の作り目をし、長編みで16段編みます。
3　中袋を仕立てて本体に縫い付けます。

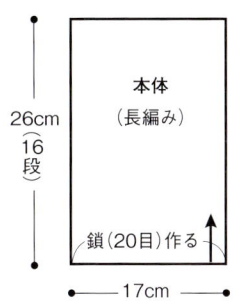

本体
（長編み）
26cm
16段
鎖（20目）作る
17cm

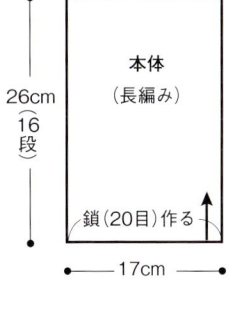

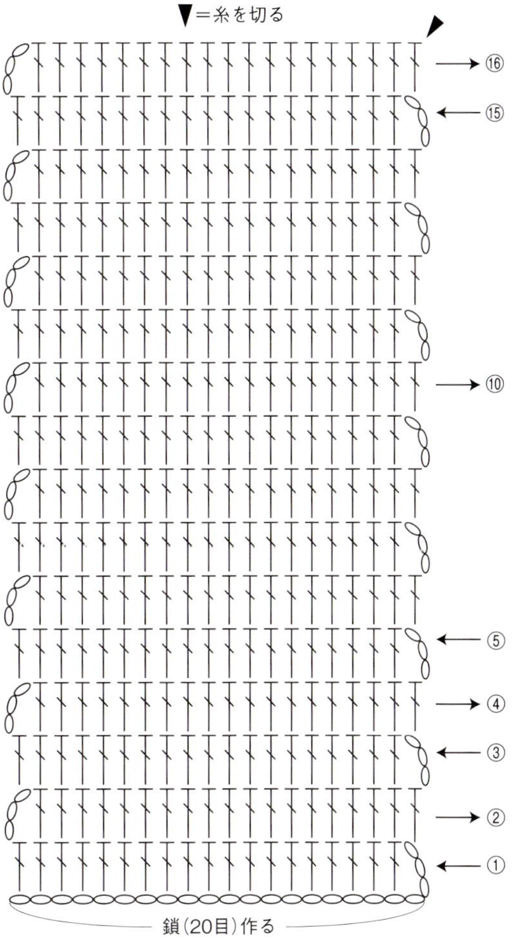

仕立て方

1.
中袋用の布を用意する。

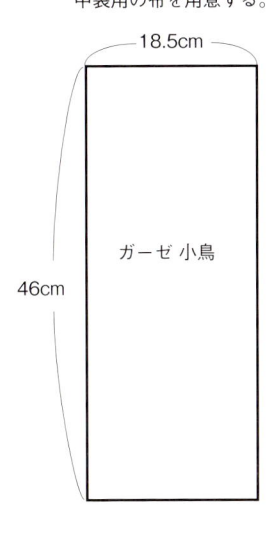

18.5cm
ガーゼ　小鳥
46cm

▼＝糸を切る

鎖（20目）作る

2.
布を図のようにたたみ、まわりは1cmの縫い代を裏側に折っておく。

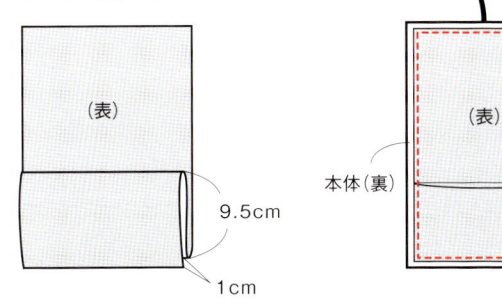

（表）
9.5cm
1cm

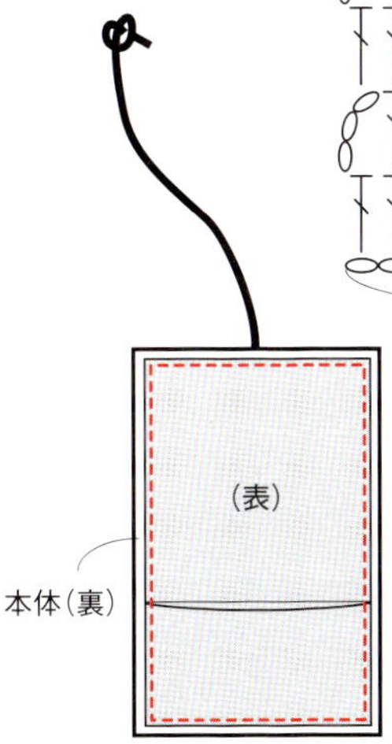

3.
本体の裏側に中袋を重ね、ひもをはさんで周囲をぐるりと縫う。

（表）
本体（裏）

編み始める前に

✻ 針の持ち方

右手の親指と人さし指で持ち、中指を軽く添えて安定させます。

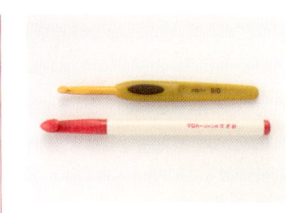

かぎ針
針先の太さによって針の号数が変わります。裂き編みでは太めのかぎ針を使います。

とじ針
糸端の始末をするときや、編み地同士をつなげるときなどに使います。

✻ 糸のかけ方

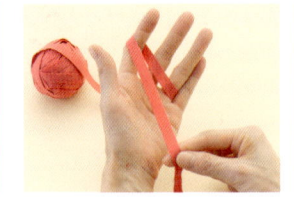

左手の小指と薬指の間から糸端を通し、そのまま人さし指にかけます。親指と中指で糸を軽く押さえ、人さし指で糸の張りを調節しながら編んでいきます。糸端は指で押さえたところから10～15cm残します。

✻ 布の裂き方

※布を裂くときには細かい糸くずやホコリが舞い散ります。吸い込まないようにマスクをして、窓を開けるなど部屋の換気をよくしてから作業をしてください。

○ 手で裂く

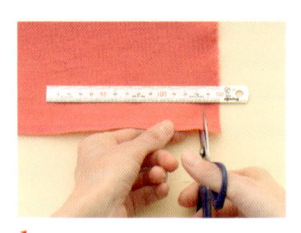

1 裂きたい幅より0.2cmほど広い位置に、約2cmの切り込みを入れる。

2 布を両手で勢いよく引っ張る。
※布目が通っていないので最初の1本めは斜めに裂けますが、2本めからは一定の幅で裂けます。

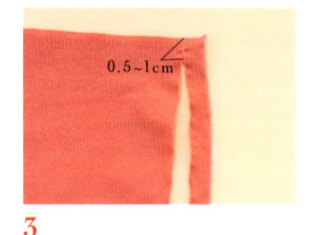

3 布端は裂かないで0.5～1cm残しておく。

4 今度は反対側から同様に切り込みを入れる。

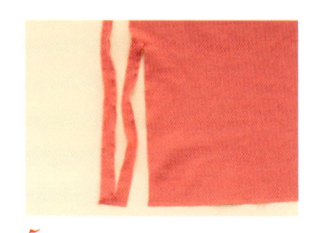

5 両手で引っ張って裂く。このように布端を残しながら両側から交互に裂いていく。

idea! さらにひと手間かけて布端の角を斜めにカット。こうしておくと編み地に角が出なくてきれいです。

○ ロータリー
カッターで
切る

1
図のように布をたたんで、カッターマットの上にのせる。

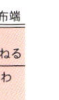

2
布端は切らないように残しながら、切りたい幅でカットする。方眼定規の目盛りなどを利用すると便利。

3
上部の布端はまだ全部つながった状態。

4
重ねた布端を開いて布をそっと広げる。

5
布端を1本おきに切り離す。切り離さない部分は布端から0.5～1cmまで切り込みを入れておく。

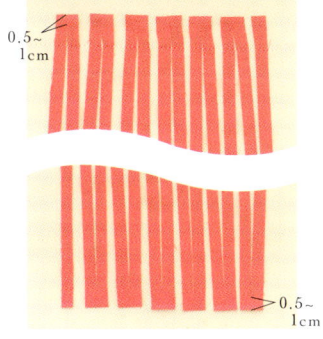

6
反対側の布端は切り離す位置を注意して、布が1本につながるように切る。

○ はさみで切る

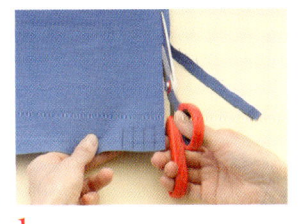

1
切りたい幅に印を付けてまっすぐ切る。
※はさみを体の正面で持ち、刃先を机に付けて手前から奥へ切るとまっすぐ切れます。

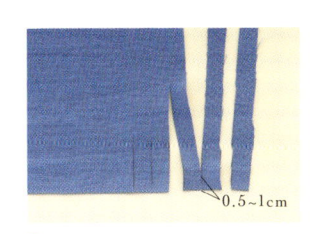

2
布端は切らないで0.5～1cm残し、両側から交互に切っていく。

idea!
裂いた布は、布がねじれないように丸めておくか、空き箱などにからまないように入れておくといいでしょう。

○ シャツを
リメイクする

1
縫い目にそって衿、身頃、前立て、袖、カフスなどのパーツに切り分ける。

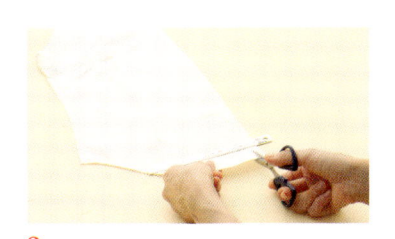

2
平らな身頃と袖だけを使って、距離が長く取れる縦方向に裂いていく。

Basic lesson 73

編み方レッスン　ドイリー

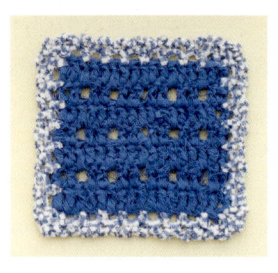

❊ 往復編み
下から上方向へ編む

1段ずつ右と左に立ち上がりの目がくるのが特徴です。
編み地を表側から見たり、裏側から見たり、段ごとに編み地を持ちかえて編んでいきます。

▼ ＝糸を切る

用意するもの
綿布（青）
　＝ 90cm×約 23cm
綿布（ストライプ）
　＝ 110cm×約 13cm
針＝かぎ針 9/0号
でき上がり寸法
縦 16.5×横 17.5cm

立ち上がりが左側の場合
編み地の裏側（前段の裏側）を見ながら右から左へ編みます。編み図はすべて表側から書かれているので、記号は左から右へ追っていくことになります。

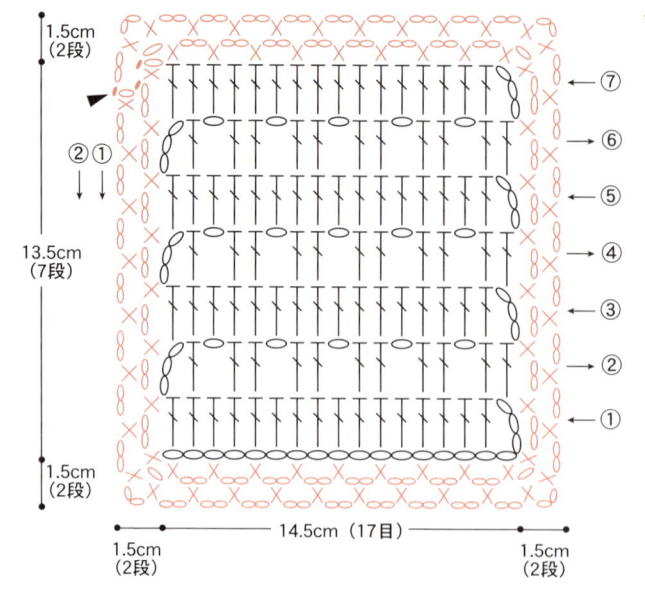

立ち上がりが右側の場合
編み地の表側（前段の裏側）を見ながら右から左へ編みます。記号図は右から左へ追っていきます。

1.5cm（2段）
13.5cm（7段）
1.5cm（2段）
14.5cm（17目）
1.5cm（2段）
1.5cm（2段）

○ 鎖の作り目

1 糸の向こう側から針をあて、手前に1回まわして針先に輪を作る。

2 糸が交差したところを指で押さえて、針先に糸をかけて輪の中から引き出す。

3 糸端を引いて輪を締めて最初の目の完成。これは目数には数えない。

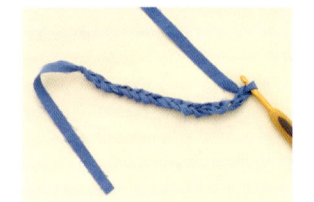

4 鎖 17目を編む。この鎖編みは作り目で、段数には数えない。

○ 1段め

5 立ち上がりの鎖3目を続けて編み、針から5目めの「鎖半目と裏山」に長編みを編み入れる。

6 作り目をひとつずつ拾って、最初の目まで長編みを編み入れる。

74　Sakiami komono

○ 2段め

7 立ち上がりの鎖3目を編み、編み地を手前にまわして持ちかえる。

8 前段の編み地の裏側を見ながら、2段めを編んでいく。

9 編み終わりは、前段の立ち上がりの鎖3目めの「鎖の裏山と外側半目」に編み入れる。

○ 3段め

10 立ち上がりの鎖3目を編み、編み地を手前にまわして持ちかえる。

11 前段の編み地の裏側を見ながら、3段めを編んでいく。前段が鎖のところは鎖を束に拾う。

12 編み終わりは、前段の立ち上がりの鎖3目めの「鎖の外側半目と裏山」に編み入れる。

○ 7段め

13 同様の手順を繰り返して編み、7段めの最後の長編みの途中で糸をかえる。

14 今までの糸を手前から向こうへ針にかけ、新しい糸で一度に引き抜く。

15 ここまでが7段め。

○ 縁編み1段め

16 立ち上がりの鎖1目を編み、細編みと鎖編みで一周編む。
※左右側面の細編みは、「鎖の外側半目と裏山」と「長編みの頭」にそれぞれ編み入れる。

17 編み終わりは、最初の細編みの頭2本に引き抜く。

18 続けてとなりの鎖を束に引き抜く。

○ 縁編み2段め

19 立ち上がりの鎖1目を編み、細編みと鎖編みでもう一周編む。前段が鎖のところは鎖を束に拾う。

20 編み終わりは、最初の細編みの頭2本に引き抜き、糸をそのまま15cmほど引き出して糸端を切る。

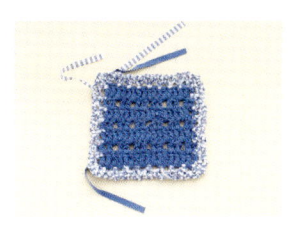

21 編み終わり。糸端をとじ針に通し、裏側から近くの編み地に通しておく。

Basic lesson 75

編み方レッスン　ドイリー

❊ 輪編み
中心の輪からぐるぐると編む

糸端で輪を作り、1段ずつ円を描くように編んでいくのが特徴。
毎段、編み地の表側を見て、右から左に編み進んでいくのが基本です。

用意するもの
綿布（赤）
　＝ 90cm×約 12cm
綿布（ストライプ）
　＝ 110cm×約 10cm
針＝かぎ針 9/0号
でき上がり寸法
直径 16cm

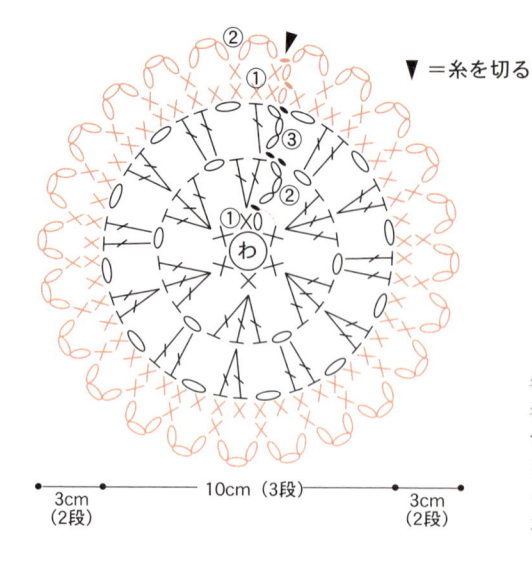

▼＝糸を切る

3cm（2段）　10cm（3段）　3cm（2段）

各段の始めで立ち上がり、各段の最後は引き抜き編みで終わります。引き抜き編みと立ち上がりを付けないで、ぐるぐると編んでいくパターンもあります。

○ **輪の作り目**

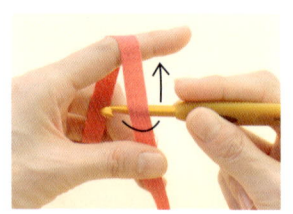

1　糸の向こう側から針をあて、手前に1回まわして針先にゆるめの輪を作る。

2　糸が交差したところを指で押さえて、針先に糸をかけて輪の中から引き出す。

3　最初の目の完成。これは目数には数えない。

○ **1段め**

4　立ち上がりの鎖1目を編む。

5　輪の中に細編み6目を編み入れる。

6　編み終わりは、最初の細編みの頭2本に引き抜く。

76　Sakiami komono

○ 2段め

7 立ち上がりの鎖3目を編む。

8 「長編み3目編み入れる」と鎖1目の繰り返しで一周編む。

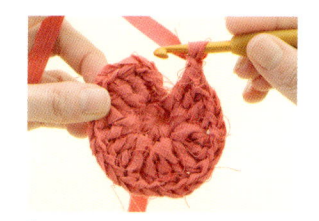

9 編み終わりは、最初の立ち上がりの鎖3目めの「鎖の外側半目と裏山」に引き抜く。続けてとなりの長編みの頭2本にもう一度引き抜く。

○ 3段め

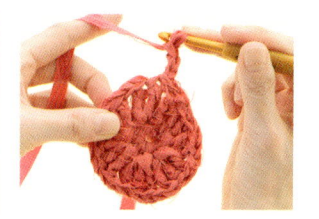

10 立ち上がりの鎖3目を編む。

11 「長編み2目編み入れる」と鎖1目の繰り返しで一周編む。前段が鎖のところは鎖を束に拾う。

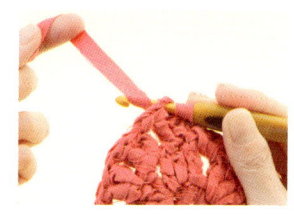

12 編み終わりは、2段めと同様に最初の立ち上がりの鎖3目めに針を入れ、引き抜きの途中で糸をかえる。

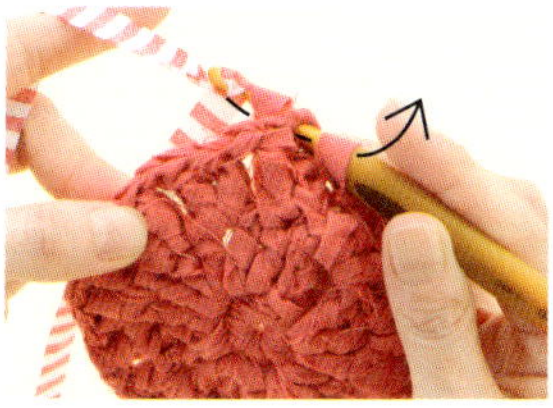

13 今までの糸を手前から向こうへ針にかけ、新しい糸で一度に引き抜く。

14 ここまでが3段め。

○ 縁編み 1段め

15 立ち上がりの鎖1目を編み、細編みで一周編む。前段が鎖のところは鎖を束に拾う。

○ 縁編み 2段め

16 編み終わりは、最初の細編みの頭2本に引き抜く。

17 立ち上がりの鎖1目を編み、細編み1目と鎖3目を繰り返して一周編む。

18 編み終わりは、最初の細編みの頭2本に引き抜く。

○ 仕上げ

19 糸をそのまま15cmほど引き出して糸端を切る。

20 編み始めの糸端を引いて、中心の輪を締める。

21 編み終わり。糸端をとじ針に通し、裏側から近くの編み地に通しておく。

目のすくい方

束に拾う ※前段の鎖編みなどをまるごと拾って編むことを「束に拾う」といいます。

前段の鎖編みを束に拾って、編み包むように編む。

編み目記号と編み方

鎖編み

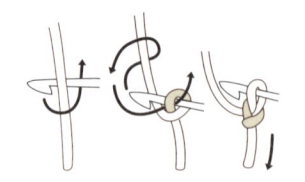

1 輪の中から糸を引き出し、糸端を引いて目を締める。この目はまだ1目と数えない。

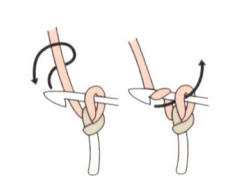

2 針に糸をかけて始めの目から引き出す。

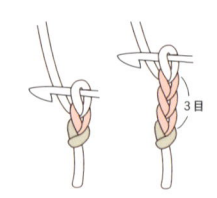

3 鎖1目のでき上がり。針にかかっているループは1目と数えない。

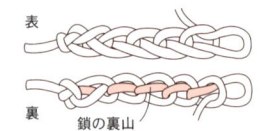

表／裏　鎖の裏山

鎖編みの目には表と裏があります。裏に出ているところを「鎖の裏山」と呼びます。

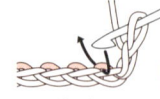

鎖の裏山だけ　　鎖の半目と裏山

鎖の作り目から始まる場合は、1段めを鎖のどこに編み入れるのか、いくつかの方法があります。この本では、「鎖の裏山だけ」と「鎖の半目と裏山」を拾う方法で作品を紹介しています。

引き抜き編み

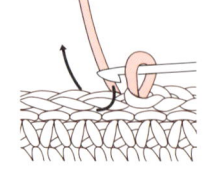

1 前段に針を入れる。

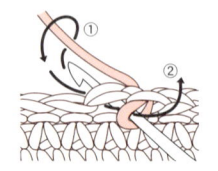

2 針に糸をかけて一度に引き抜く。

3 引き抜き編みのでき上がり。

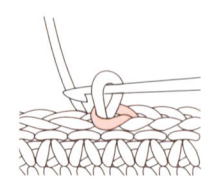

細編み

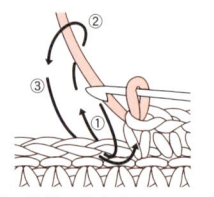

1 前段に針を入れ、ループを手前に引き出す。

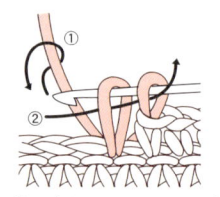

2 針に糸をかけて 2ループを一度に引き抜く。

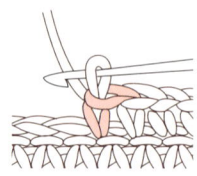

3 細編みのでき上がり。

78　Sakiami komono

中長編み

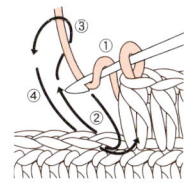

1 針に糸をかけてから前段に針を入れ、ループを手前に引き出す。

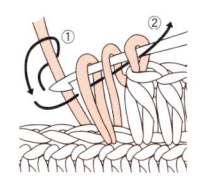

2 針に糸をかけて、3ループを一度に引き抜く。

3 中長編みのでき上がり。

長編み

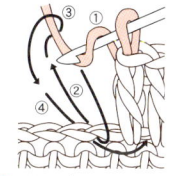

1 針に糸をかけてから前段に針を入れ、ループを手前に引き出す。

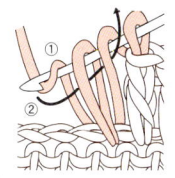

2 さらに針に糸をかけて、まず2ループを引き抜く。

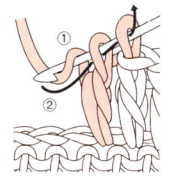

3 さらに針に糸をかけて、残りの2ループを引き抜く。

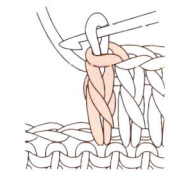

4 長編みのでき上がり。

細編み2目編み入れる

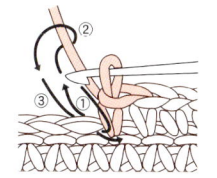

1 まず細編みを1目編む。次も同じところに針を入れてループを手前に引き出す。

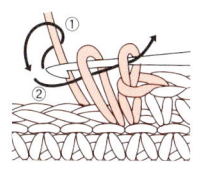

2 針に糸をかけて2ループを一度に引き抜く。

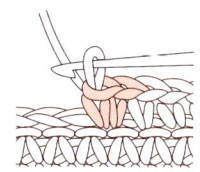

3 1目に細編み2目を編み入れた状態。

細編み2目一度

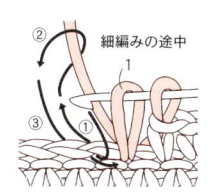

1 細編みを途中まで編み、さらに次の目に針を入れてループを手前に引き出す。

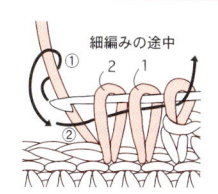

2 針に糸をかけて、3ループを一度に引き抜く。

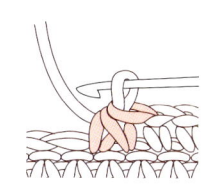

3 細編み2目一度のでき上がり。

長編み2目編み入れる

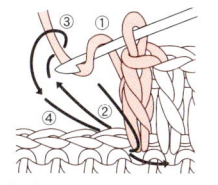

1 まず長編みを1目編む。次も同じところに針を入れてループを手前に引き出す。

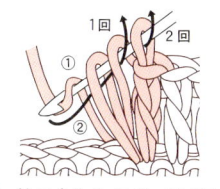

2 針に糸をかけて、2回に分けて2ループを引き抜く。

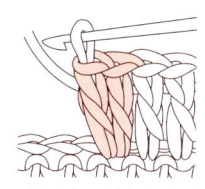

3 1目に長編み2目を編み入れた状態。

鎖3目の引き抜きピコット

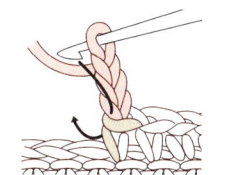

1 鎖編みを3目編み、細編みの頭半目と足1本に針を入れる。

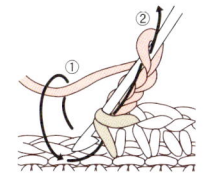

2 針に糸をかけて一度に引き抜く。

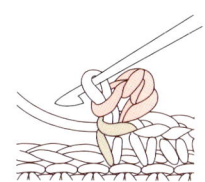

3 鎖3目の引き抜きピコットのでき上がり。

Basic lesson

STAFF
ブックデザイン……丸山ひろみ
撮影……原田 拳
スタイリング……絵内友美
モデル……大島久美子
作品制作……武下厘砂　千森 泉　野間口由里子　伴 綾花　Sachiyo*Fukao　百瀬柚子
プロセス指導……Sachiyo*Fukao
作り方解説・トレース……comomo
構成・編集協力……弘中葉奈子
企画・編集……成美堂出版編集部（大西香織）

糸・用具提供
横田㈱　TEL 06-6251-2183
〒541-0058 大阪府大阪市中央区南久法寺町 2-5-14
クロバー㈱　TEL 06-6978-2277（お客様係）
〒537-0025 大阪府大阪市東成区中道 3-15-5

撮影協力
アワビーズ　TEL 03-5786-1600
〒151-0051 東京都渋谷区千駄ヶ谷 3-50-11 明星ビルディング 5F
ジェニオ アンティカ　TEL 03-3496-3317
〒150-0021 東京都渋谷区恵比寿西 2-6-10
ビスケット　TEL 03-3405-0556
〒106-0032 東京都港区六本木 7-4-14
プロップスナウ　TEL 03-3473-6210
〒108-0072 東京都港区白金 2-1-1 パセオ三光坂 1F
木曜館　TEL 03-3412-5916
〒155-0031 東京都世田谷区北沢 2-1-1 ツバサマンション 1F

かぎ針でつくる かわいい裂き編み小物

編　者　成美堂出版編集部
発行者　深見悦司
発行所　成美堂出版
　　　　〒162-8445　東京都新宿区新小川町 1-7
　　　　電話(03)5206-8151　FAX(03)5206-8159
印　刷　凸版印刷株式会社

©SEIBIDO SHUPPAN 2008　PRINTED IN JAPAN
ISBN978-4-415-30310-9
落丁・乱丁などの不良本はお取り替えします
定価はカバーに表示してあります

- 本書および本書の付属物は、著作権法上の保護を受けています。
- 本書の一部あるいは全部を、無断で複写、複製、転載することは禁じられております。